나도 채식을 할 수 있을까?

지구를 살리는 밥상
나도 채식을 할 수 있을까?

민마루 글 · 남궁선하 그림

썬더키즈
thunder kids

보리차 한 잔이 나에게 준 엄청난 선물

여러분은 음식을 먹으면서 온몸으로 맛을 느껴 본 적 있나요? 저는 오래전 신기한 경험을 한 적이 있어요. 무지무지 더운 여름날, 아침부터 물을 한 모금도 마시지 못하고 땡볕에서 땀을 많이 흘렸답니다. 그때 친구가 건네준 보리차는 저에게 특별할 수밖에 없었지요. 시원한 보리차가 제 몸으로 들어오자마자 온몸이 시원해지고 기분이 날아갈 듯 좋아졌어요. 그리고 저절로 이런 말이 튀어나왔죠.

"고맙다, 보리차야!"

저는 보리차 한 잔으로 온몸이 행복과 감사로 가득 차올랐어요. 마음속으로 넓은 들판에서 자라고 있을 보리에게 고맙다고 인사했어요. 따뜻한 햇살을 내려 준 태양과 보리를 흔들흔들 춤추게 해 준 바람에게도, 땅과 보리를 촉촉하게 적셔 준 비에게도 고맙다고 말했답니다. 땅속 미생물에게도 인사하고, 땀 흘려 돌봐 준 농부에게도 감사의 인사를 보냈지요. 그날의 경험으로 지금까지 음식이 제 앞에 올 수 있게 도와준 모든 이들에게 감사 인사를 하게 되었어요.

시간이 지날수록 저는 자연과 생태계에 감사의 마음이 커졌어요. 동시에 우리가 먹는 음식 때문에 고통받는 지구 생태계와 동식물에게도 관심이 생겼지요. 하나둘 알아갈수록 우리가 먹는 즐거움을 위해 지구와 생명을 너무 당연하게 희생시킨다는 생각이 들었어요.

이 책은 반드시 채식을 하지 않으면 잘못이라고 말하지 않아요. 다만, 채식에는 다양한 방법이 있고, 각자의 상황에 맞게 적용할 수 있다는 것을 알려 주고 싶었어요. 또 채식이 더 나은 세상을 만드는 데 효과가 있다는 것도 공유하고 싶었지요. 그리고 무엇보다 지구와 생명을 대하는 우리의 마음을 한번 들여다보기를 바랐어요.

우리는 모두 눈에 보이지 않는 것을 볼 수 있어요. 오늘 여러분도 무엇을 먹든지 그 안에 들어 있는 모든 것을 바라보고 느껴 보세요. 그리고 우리에게 모든 것을 내어 주는 지구에게 감사 인사를 건네 보세요. 그 순간부터 우리는 세상을 바꾸고 있는 것이니까요.

민마루

차례

작가의 말 … 4
프롤로그 … 8

첫 번째 시간
지구와 나의 연결 고리, 음식

1. 아낌없이 주는 지구 … 13
2. 심각한 지구의 위기 … 16
3. 고통을 주는 식량 산업 … 20
4. 우리가 먹는 고기, 괜찮을까? … 23

여기서 잠깐! | "채소만 먹는 게 채식일까?" … 26

두 번째 시간
다양한 이유로 채식을 선택한 사람들

1. 채식으로 지구 온난화를 막을 수 있어 … 31
2. 아마존을 지키고 아이들의 미래를 지킬 거야 … 35
3. 지금도 앞으로도 물은 중요해 … 40

• 채식주의자 '소크라테스' 이야기 … 44

4. 동물들이 행복하게 살기를 바라 … 46
5. 채식은 바이러스로부터 인류를 지킬 수 있어 … 50
6. 기아로 고통받는 사람을 도울 수 있어 … 54
• 채식주의자 '톨스토이' 이야기 … 58
7. 바다 생태계를 지키고 싶어 … 60
8. 종교의 가르침에 따라 채식을 실천해 … 64
9. 내 몸과 건강을 위해 채식을 할 거야 … 67
• 채식주의자 '소로' 이야기 … 70

여기서 잠깐! l "채식을 할 수 없는 사람도 있을까?" … 72

세 번째 시간
채식을 생활 속으로 초대해

1. 나도 채식을 할 수 있을까? … 79
2. 채식 요리는 어렵지 않을까? … 84
3. 채식을 하지 않는 게 잘못일까? … 92

여기서 잠깐! l "채식을 하는 사람들의 한마디!" … 98

에필로그 … 104
알아 두면 도움되는 단어들 … 106

프롤로그

　제 이름은 한송이예요. 사실 저에게는 고민이 하나 있어요. 그건 바로 새로 전학 온 '연수'를 짝사랑한다는 거예요. 문제는 연수랑 친해지고 싶은데, 연수가 워낙 조용해서 다가가기가 쉽지 않아요.
　그러다가 드디어 기회가 생겼어요. 연수에 대한 새로운 정보를 알게 되었거든요. 연수가 '채식'을 한다는 사실을요. 그리고 연수와 더 친해지기 위해 저도 채식을 하겠다고 결심했답니다. 집에 가서 엄마에게 채식주의자가 되겠다고 특급 선언을 했어요. 엄마는 갑작스러운 저의 결심을 듣고는 껄껄 웃으시더니 이렇게 물었어요.
　"송이야, 너 채식이 뭔지 제대로 알고 이러는 거니?"
　맞아요. 사실 저는 채식이 무엇인지 잘 몰라요. 엄마는 당황하고 있는 저를 바라보시더니 곧장 어딘가로 전화를 거셨어요. 그러더니 '강 박사님'을 찾아가 보라고 말씀하시는 게 아니겠어요?

강 박사님은 원래 야생 동물을 연구하시는 분이지만, 오래도록 채식을 해 와서 누구보다 채식에 대해 잘 알고 계신대요. 박사님께 채식이 뭔지, 어떻게 하는 건지 배우고 나서 다시 얘기하자고 하셨어요.

그리고 드디어 강 박사님을 만나 뵙게 됐어요. 박사님의 모습은 제가 생각했던 것과는 사뭇 달랐어요. 아주 평범한 동네 할머니 같았거든요. 하지만 박사님은 평생 아프리카, 티베트, 브라질, 호주, 갈라파고스 제도 등 세계 여러 나라를 돌아다니며 원주민과 야생의 동물을 연구하고 자료를 모으는 아주 멋진 분이셨어요. 게다가 30년이 넘도록 채식을 실천하고 있고, 채식에 대해 강연도 하신다고 해요.

저는 박사님께 저의 짝사랑 이야기를 들려 드리고, 제가 꼭 채식을 할 수 있게 도와 달라고 부탁했지요. 박사님은 제 이야기를 다 듣고 저에게 물으셨어요.

"그런데 연수라는 친구가 왜 채식을 하는지는 알고 있니?"

이유까지는 몰랐던 저는 대답도 제대로 못 하고 얼굴만 빨개졌어요.

박사님은 잠깐 생각하시는 듯하더니, 정말 채식을 하고 싶다면 이제부터 수업을 세 번 들어야 한다고 말씀하셨지요. 저는 고개를 힘차게 끄덕였어요.

그렇게 저는 박사님과 첫 번째 채식 수업을 시작하게 되었답니다.

첫 번째 시간

지구와 나의 연결 고리, 음식

첫 번째 시간에는 우리와 지구의
관계에 대해 좀 더 깊이 알아보자.
그리고 인간과 지구를 이어 주는 음식의
역할에 대해서도 생각해 볼 거야.
그러고 나면 좀 더 열린 마음으로 채식을
대할 수 있을 거란다.

"신께서는 우리의 몸을 채워 주는 생명들을 만드셨다.
이는 바로 나무, 식물 그리고 곡식이다."

– 플라톤*

1.
아낌없이 주는 지구

우리는 매일 음식을 먹는단다. 음식은 우리 몸의 피와 살, 그리고 뼈를 만들고 에너지가 되기도 하지. 그래서 인간은 늘 먹는 일을 중요하게 여겨 왔어. 오래전부터 하루의 대부분을 먹을 것을 구하고, 요리하고, 먹는 데에 다 썼단다. 다행히 우리에게 필요한 영양소는 지구에서 모두 얻을 수 있어. 그래서 인간은 어떤 음식을 먹더라도 지구를 향한 감사의 마음을 잊지 않았지.

지금까지도 지구 한 켠 옛 조상들의 삶의 방식과 정신을 그대로 이어 가며 사는 원주민과 유목민이 있단다. 그들은 땅에서 나는 식물과 나무에서 나는 열매 등 모든 음식을 직접 구하지. 또 고기를 먹을 때에는 야생 동물을 직접 사냥하거나, 기르던 가축을 손수 잡아 다 같이 나눠 먹는단다. 높은 고원이나 추운 극지방, 메마른 사막과 같은 환경에서는 늘 먹거리가 부족하기에 고기는 인간의 생명을 유지하는 데 매우 중요한 식량이야. 그들은 동물을 잡으면서 지구에 허락을 구하고 감사 인사를 잊지 않지. 인간이 자연의 도움을 받아야 살 수 있다는 것을 누구보다 잘 알고 있거든.

이처럼 지구와 인간은 오래전부터 아주 가까운 사이였어. 지구는 변함없이 모든 것을 내주었고, 인간은 지구에게 고마움을 느꼈지. 그런데 어느 순간부터 인간과 지구 사이가 조금씩 벌어지기 시작했단다.

독수리를 길들여 사냥하는 몽골인

손을 사용할 줄 알았던 인간은 생활을 편

리하게 해 주는 도구를 만들고 발전시켜 나갔어. 그리고 농사를 지으며 여럿이 모여 살더니 도구와 문명*의 발달을 더욱 빠른 속도로 이루어냈지. 그리고 마침내 기계의 발달과 함께 공장이 만들어지면서 산업화 시대*를 열었단다. 그 뒤로 인간은 걷잡을 수 없는 변화의 길을 걷기 시작했어. 생활이 편리해지고 과학과 의학이 발달하면서 지구에 사는 인간의 수명이 늘어났고 인구수도 빠르게 증가했지. 하지만 오늘날의 수많은 사람 중 오래전 지구와의 사이를 기억하는 사람은 많지 않단다.

지구에 얼마나 많은 사람이 살고 있는지 궁금해졌어요. 박사님께 물어보니, 1969년 35억 명이던 세계 인구가 50년 뒤인 지금은 두 배가 넘는 80억 명에 가까워졌다고 해요. 게다가 2050년에는 인구수가 100억 명이 될 거래요!

2.
심각한 지구의 위기

산업화는 인간의 힘만으로 이루어 낸 것이 아니란다. 지구가 품고 있는 석유, 석탄, 천연가스를 비롯해 물과 땅, 숲과 바다가 주는 온갖 자원을 아낌없이 갖다 썼기에 가능했던 거야.

하지만 우리는 이 모든 것을 당연하게 여겨 왔어. 너무 오랫동안 받기만 해서 그런 걸까?

우리가 누리는 당연한 것들이 실은 지구가 전 생애를 통틀어 만들어 냈다는 사실을 잊어버린 거야.

우리는 지금까지 인간의 힘으로 만들어 낸 온갖 물질적인 것에 관심을 쏟아부었어. 그러다 보니 지구가 서서히 병들고 있다는 것에는 큰 관심을 두지 않았단다.

산업화와 환경 오염은 밀접한 관계가 있어요.

사실 산업화가 시작되면서 지구가 자주 몸살을 앓았고, 그때마다 지구는 우리에게 메시지를 보내왔지. 이상 기온, 사막화 현상*, 지구 온난화, 대형 산불, 바다 산성화* 등…. 지구가 끊임없이 인간에게 도움을 요청했지만, 안타깝게도 우리는 별다른 관심을 주지 않았단다. 어쩌다 한 번씩 환경 오염을 걱정하긴 했지만, 결국은 "별일이야 있겠어." 하는 마음으로 가볍게 지나치곤 했지.

이제 지구는 아주 중요한 기로에 서 있어. 까딱하면 지금의 지구 모습을 그대로 지켜내기 힘들지도 몰라. 만약, 지구가 버티고 있는 한계선이 무너져 버린다면, 그때는 우리가 아무리 노력하고 손을 써보려 해도 되돌리기엔 너무 늦어 버린단다.

그동안 인간이 아픈 지구를 너무 혼자 내버려 둔 것 같아 지구에게 미안했어요. 그리고 어른들에게 화가 났어요. 박사님은 저에게 많은 어른이 뒤늦게라도 잘못을 바로잡으려 노력하고 있다고 설명해 주었어요. 세계의 환경학자들이 지구를 사용하고 있는 우리에게 '인류가 살아남기 위해 인간이 당장 지켜야 할 것들'을 발표했대요. 여기서 환경학자들은 위기에 처한 지구를 벼랑 끝으로 몰아넣는 가장 큰 원인으로 '오늘날의 식량 산업'을 꼽았어요. 대량화와 공장화된 우리의 음식 시스템이 지구를 병들게 하는 원인과 연결되어 있다는 뜻이에요.

〈인류가 살아남기 위해 인간이 당장 지켜야 할 것들〉

① 지구 온난화를 재촉하는 이산화탄소 농도 줄이기.

② 생물 다양성* 지키기.

③ 숲과 습지대 파괴하지 않기.

④ 바다 생태계를 위협하는 바다 산성화 막기.

⑤ 세계의 담수* 사용량 줄이기.

⑥ 오존층 파괴 막기.

⑦ 공장식 축산*으로 생기는 환경 오염 줄이기.

3.
고통을 주는 식량 산업

인구수가 폭발적으로 늘어나자 세계는 식량난을 걱정하기 시작했어. 지구의 크기는 그대로인데 인간의 수가 너무 빨리 늘어나 먹거리가 부족할 것이 뻔히 보였지. 그래서 인류는 한곳에

음매, 신선한 풀이 역시 맛있어.

서 많은 양의 식량을 만들어낼 수 있는 공장화된 사육장을 만들기 시작했단다. 이러한 시스템은 우리가 걱정했던 식량 부족을 눈에 띄게 해결해 주는 듯했어. 하지만 곧이어 다양한 문제점들이 속속 드러나기 시작했지.

사실 공장식 축산 시스템은 작게 농사를 짓거나 가축을 키우는 사람들의 의견을 듣고 만든 것이 아니야. 거대 식품 기업들이 앞장서서 만들어 낸 시스템이었지. 이들은 공장화된 사육장을 만들어 그 안에서 식품을 생산하고, 가공하고,

나도 자유롭게 뛰어놀고 싶다.

유통하는 등 판매하는 모든 과정을 그들의 편리와 이익에 맞추어 만들어 냈어. 기업은 돈을 점점 많이 벌게 되었고, 회사가 커질수록 더욱더 많은 이익을 내고자 했지. 지구 환경이나 사람들의 건강에 대해서는 그다지 생각하지 않는 듯했어.

결국 오늘날의 식량 산업은 전 세계 온실가스* 배출량의 3분의 1을 차지하게 되었고, 세계에서 사용할 수 있는 물의 3분의 2를 가져다 쓰고 있단다. 뿐만 아니라, 공장화된 농업과 축산업이 숲의 파괴와 다양한 종의 동식물들을 멸종시키는 데에도 결정적인 원인이 되고 있어.

박사님은 수많은 나무가 잘려 나가고, 불에 타는 브라질의 아마존 영상을 보여 주었어요. 그리고 그건 가축을 사육하고 사료를 재배할 공간을 만들기 위해 인간이 일부러 벌이고 있는 일이래요. 박사님은 걱정스러운 표정으로 아마존에서 살고 있던 14,000여 종의 동식물 중 90%가 이미 엄청난 고통을 받고 있다고 말씀하셨어요. 이들이 살 곳을 잃고 생명의 위협을 받는다는 건 머지않아 멸종될 수도 있다는 뜻이고, 이것은 지구의 생명력을 지탱해 주는 생물 다양성이 무너지는 거라고 해요.

4. 우리가 먹는 고기, 괜찮을까?

세계 식량 산업에서 가장 눈여겨봐야 할 부분이 바로 '공장식 축산'이란다. 공장식 축산은 고기 상품이 좀 더 빠른 시간에 더 많이 생산되는 데에 초점을 맞추고 있어. 따라서 공장식 축산은 기업이 돈을 더 많이 벌 수 있게 도와준단다. 인간의 건강을 위한 것도 아니고, 동물의 더 나은 삶을 생각한 것도 아니며, 지구 환경을 위한 선택도 아니었지.

우리는 어느 순간부터 밥상에 고기가 올라오지 않으면 허전한 기분이 들곤 해. 그리고 끼니마다 고기를 먹어야 든든하게 잘 먹었다는 생각을 하지. 그래서 우리는 오늘도 엄청난 양의 고기 상품을 사 먹고 있단다. 우리가 고기를 많이 찾는 만큼 공장식 축산은 더욱 바빠지고 규모도 자꾸 커지겠지.

그런데 그거 아니? 공장식 사육장에서 키워진 동물들은 식탁 위의 고기로 놓이기 전까지는 인간과 거의 만나지 못하고 전 생애를 갇혀 지내야 한단다. 그러니까 많은 수를 한꺼번에 키우고 생산해야 하는 공장식 축산은 동물을 생각과 감정이 있는 생명으로 대하기보다는 빨리 시장에 내놓아야 할 상품으로만 여기고 있는 거야.

오늘날 우리는 과거에 그랬던 것처럼 동물을 직접 사냥하거나 도축* 할 필요 없이 마트에 가서 포장된 고기 상품을 사 먹기만 하면 된단다. 그러다 보니 우리는 그것이 한때는 생명이었으며, 자연이 우리에게 베푼 선물이라는 생각을 하지 못하게 되었어.

이제 우리는 '맛집'을 찾아다니고, 각종 미디어를 통해 '먹방' 프로그램을 보며, 음식 앞에서 찍은 '인증샷'을 SNS에 올리느라 바쁜 나날을 보내고 있어. 이러한 행동 안에서 지구와 소통하던 우리의 옛 모습은 찾아보기 힘들어진 게 사실이란다.

어떻게 하면 지구 생태계를 지키면서도 사람들을 잘 먹여 살릴 수 있을까? 고민해 온 전 세계의 전문가와 학자 들이 보고서를 통해 미래의 환경과 식량 고민을 해결할 가장 좋은 방법은 '고기 소비를 줄이는 것'이라고 밝혔대요.

다행히 세계 곳곳에서 고기를 먹지 않거나, 고기를 적게 먹는 '채식'에 대해 많은 사람이 관심을 갖고 실천하고 있어요. 이제는 우리의 식습관을 바꾸는 일이 인류를 위해 반드시 실천해야 하는 숙제가 되었답니다.

"채소만 먹는 게 채식일까?"

다음 수업에 들어가기 전에 미리 알아 두면 좋은 표를 하나 소개할게. 채식의 종류에 대해 정리한 표야. 채식이라고 무조건 채소만 먹는 건 아니거든. 자기가 처한 상황에 따라 고기를 먹기도 하고 생선이나 달걀을 먹는 사람도 있지. 아래의 표를 바탕으로 다양한 종류의 채식이 있다는 것을 이해한다면 언제, 어디서나 채식에 대해 이야기 나누는 데 많은 도움이 될 거란다.

	육류	가금류	어패류	달걀	유제품	꿀	곡류	콩	채소	견과류	과일
플렉시테리언	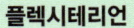										

주로 채식을 하지만 가끔 고기나 생선을 먹는다.

	육류	가금류	어패류	달걀	유제품	꿀	곡류	콩	채소	견과류	과일
폴로 베지테리언											

소나 돼지고기는 먹지 않고, 우유와 유제품, 동물의 알, 생선, 조개, 닭고기까지 먹는다.

	육류	가금류	어패류	달걀	유제품	꿀	곡류	콩	채소	견과류	과일
페스코 베지테리언											

유제품, 알, 생선은 먹지만, 소, 돼지, 닭, 오리의 고기는 먹지 않는다.

락토오보 베지테리언

동물에게서 자연스럽게 얻을 수 있는 달걀, 우유, 꿀 등은 먹는다.

오보 베지테리언

고기나 생선, 유제품은 먹지 않지만, 달걀과 같은 동물의 알은 먹는다.

락토 베지테리언

육류나 어패류, 알은 먹지 않고, 우유나 버터, 치즈, 꿀, 요구르트 같은 유제품은 먹는다.

스트릭트 베지테리언

비건과 같이 동물에게서 나온 모든 것은 먹거나 사지 않지만, 꿀은 먹는다.

비건

동물성 식품은 먹지 않는다. 동물 실험이나 동물의 털, 가죽으로 만들어진 물건도 사지 않는다.

로푸더

효소가 파괴되는 48도 이상의 열을 가하지 않은 날 음식, 생 채식 요리를 먹는다.

프루테리언

동물성 식품은 물론, 식물의 뿌리와 잎도 먹지 않는다. 오직 열매인 과일과 견과류만 먹는다.

두 번째 시간

다양한 이유로 채식을 선택한 사람들

이번 시간에는 자기만의 방식으로
채식을 실천하고 있는 친구들을 소개할게.
누구의 말에 공감하는지 귀 기울이고,
어떤 종류의 채식이 나와 어울릴지
한번 생각해 보렴.

"채식은 인류 문명에 유익한 영향을 줄 것이다. 채식이 사람 성격에
가져다주는 변화와 정화 효과는 인류에 상당한 도움이 된다.
그래서 채식을 선택하는 일은 매우 복되고 평화로운 행동이다."

– 알베르트 아인슈타인*

1.
채식으로 지구 온난화를 막을 수 있어

난 호주에 사는 '케빈'이라고 해. 채식을 실천한 지 3년째가 되었어. 채식 중에서도 오보를 하고 있어. 모든 종류의 고기와 생선, 유제품은 먹지 않아. 대신 사촌 동생네 집 앞마당에서 키우는 암탉의 알은 가끔 먹고 있지.

내가 처음 채식을 시작하게 된 이유는 지난 2019년 호주에서 일어난 산불 때문이야. 엄청나게 큰 산불이었지. 가을에 시작된 산불이 다음 해 봄이 되어서야 겨우 꺼질 정도였어. 난 그때 큰 충격을 받았어. 이렇게 오래 이어진 산불은 처음이었거든. 수많은 사람과 동물이 순식간에 삶의 터전을 잃어버렸고, 뉴스에서는 새까맣게 타 죽은 야생 동물들의 모습을 보여 주었어.

왜 이런 일이 일어났을까? 난 이해하기 힘들었어. 전문가들도 산불의 원인을 분석하기 시작했지. 그리고 얼마 안 있어서 그 원인이 '지구 온난화' 때문이라는 것을 알아냈어. 지구의 기온이 기록적으로 올라가면서 그동안 본 적 없는 가뭄이 찾아왔고, 비가 오지 않아 땅과 나무들이 바짝 말라 버렸으니 한번 붙은 불길이 잘 잡히지 않았던 거야.

호주 산불로 한반도 면적의 85%가 불에 탔어요.

지구 온난화가 이토록 무서운 산불을 일으키다니, 생각지도 못했던 일이었어. "앞으로 이런 일이 또 일어나지 않으려면 어떻게 해야 하지?" 한참을 고민했어. 그러다가 결국 답을 찾아냈어. 바로 '채식'이었지!

그래, 맞아. 우리가 먹는 고기 양을 줄인다면 지구 온난화를 많이 줄일 수 있어. 우리가 고기로 먹는 소나 돼지와 같은 가축이 트림을 하고 방귀를 뀌면 메탄*이라는 온실가스가 만들어지거든. 지금도 전 세계 10억 마리의 소가 내뿜는 가스가 메탄을 만들고 있는데, 이 메탄가스는 이산화탄소보다 72배나 강력한 온실 효과를 발휘한단다.

다행이라면 공기에 떠 있는 메탄은 10년 안에 사라진다는 거야. 이산화탄소는 지금부터 줄여도 이미 만들어진 것이 수백 년간 남아 있겠지만, 메탄은 지금부터 줄여 나가면 10년 만에 효과가 나타난대. 그러니까, 지금 당장 메탄가스를 줄이면 지구 열을 빨리 내릴 수 있어. 지구 온난화를 가장 효과적으로 막을 수 있다는 말이야.

지금 전 세계에서 배출되는 메탄가스의 37%가 고기를 만들어 내는 공장식 축산에서 나오고 있어. 그래서 나는 고기를 먹지 않겠다고 결심했고, 그 결심이 지금까지 이어지고 있지.

나는 가끔 공장식 축산과 메탄가스가 거의 사라진 지구를 상상해 봐. 그때는 검게 그을린 숲도 나무가 우거진 푸른 숲이 되어 있겠지. 물론 나의 실천이 얼마나 힘을 발휘할지 의문이 들 때도 있지만, 나 같이 행동하는 사람이 지구에 많다는 사실을 알아. 한 사람, 한 사람이 모여 우리가 되고 우리가 한뜻으로 행동하면 원하는 세상을 만들 수 있다고 나는 믿어.

 가족 4명이 일주일에 하루만 고기와 치즈를 덜 먹으면 5주 동안 자동차를 타지 않는 것과 비슷한 효과를 볼 수 있단다.

2.
아마존을 지키고 아이들의 미래를 지킬 거야

난 여덟 살과 열두 살 남매를 키우고 있는 '라우라'라고 해. 브라질에 살고 있지. 생선이나 유제품은 먹지만, 고기는 아예 먹지 않는 페스코를 실천한 지는 1년이 좀 지났어.

다들 알겠지만, 브라질에는 아마존이라는 아주 멋진 열대 우림이 있어. 아마존은 지구의 허파라고 불릴 만큼 지구 생태계에 아주 중요한 역할을 하고 있지. 그런데 어느 날, 우리의 아마존이 극지방의 빙하를 아주 빠른 속도로 녹이고 있다는 뉴스를 봤어. 아마존이 빙하를 녹인다고? 나는 깜짝 놀랐어. 빙하가 녹으면 어떻게 되는지 대충은 알고 있었거든. 바닷물 높이가 올라가고, 우리가 사는 땅 일부가 사라지잖아. 게다가 일 년 내내 얼어 있어야 하는 동토층*까지 녹기 시작하면 빙하 속에서 꽁꽁 잠들어 있던 세균이나 유독 가스가 공기 중으로 퍼져 나가게 돼. 그건 정말 상상하기도 싫은 일이야.

나는 너무 궁금해졌어. 도대체 아마존이 빙하를 어떻게 녹인다는 거지? 알고 보니, 아마존의 나무가 불에 탈 때, '블랙 카본*'이라는 강력한 온실가스가 나온대. 그리고 이것은 이산화탄소보다 2,530배 더

불법으로 벌목된 아마존의 모습

강력하게 지구 온난화 효과를 일으키고 있다고 해. 아마존에서 생긴 블랙 카본이 날아다니다가 빙하에 검은 그을음의 형태로 내려앉으면, 열 흡수 효과를 높여서 빙하가 더 빨리 녹게 되는 거지.

문제는 지금도 아마존의 나무들이 쉬지 않고 계속 불에 타거나 베어지고 있다는 거야. 왜냐하면 아마존 숲을 곡식을 키울 수 있는 땅으로 만들려고 농장주들이 이 같은 행동을 서슴없이 하고 있거든. 우리가 눈을 한 번 깜빡이는 1초 동안에도 아마존은 축구

37

장 넓이만큼 사라지고 있단다.

　게다가 아마존에서 길러질 곡식은 인간이 먹을 게 아니야. 가축이 먹을 사료용 곡식이거든. 우리가 고기를 먹으려면 가축을 살찌워야 하잖아. 가축을 좁은 공간에 몰아넣고 밥을 먹이고 재우는 공장식 축산에서는 사료용 곡물이 꼭 필요하겠지. 갇혀 있는 가축들이 풀밭에서 풀을 뜯어먹고 살 수는 없을 테니까.

　우리가 소고기 1kg을 먹으려면, 소에게 얼마나 많은 사료를 줘야 하는지 아니? 5kg에서 많게는 16kg까지 필요하대. 그런데 고기를 찾는 사람은 전 세계적으로 계속 늘어나니까 기업은 가축 수를 늘리고 사료인 옥수수와 콩을 더 많이 심으려 하지. 그래서 계속 아마존의 나무를 베거나 숲을 불태우는 거야. 지금도 아마존은 불에 타 사라지고, 그곳에 사는 원주민들까지 쫓겨나고 있단다.

　이 사실을 알게 된 뒤로 고기를 좋아하던 나였지만 생선을 뺀 모든 고기류는 먹지 않기로 했어. 채식을 계속하는 게 힘들지 않냐고? 귀찮고 힘들다 느껴질 때면 우리 아이들을 생각해. 나는 아이들에게 미래가 있는 세상을 물려줄 의무가 있으니깐.

　아, 우리 아이들은 고기를 너무 좋아해서 아직 우리 집에서는 나만 채식을 하고 있어. 하지만 차근차근 우리 집 밥상에서 고기를 줄여나갈 생각이야. 하루에 한 끼만 고기를 먹고, 그 다음에는 일주일에 한 끼만 먹는 식으로 말이야. 물론 아이들에게 억지로 권할 생각은 없어. 채식에 대해 충분한 설명을 해 주고, 아이들이 원할 때 채식을 권할 생각이야.

건강한 숲과 나무는 지구가 자정 능력을 할 수 있도록 돕지. 아마존은 지구 산소의 20% 이상을 만들어 내고 이산화탄소를 흡수하면서 온실가스를 조절해 주는 아주 중요한 역할을 해 왔어. 그런데 1990년 이후 사라진 열대 우림의 70~80%가 고기를 생산하기 위해 사라졌다는 거 아니? 수천 년 동안 만들어진 열대 우림이 인간이 먹을 고기를 위해 단 몇십 년 만에 무참히 파괴되다니, 믿어지지 않아. 이제는 그만 멈춰야 할 때가 아닐까?

3. 지금도 앞으로도 물은 중요해

미국에 사는 '케이트'라고 해. 난 채식을 실천한 지 7개월이 되었어. 내가 하는 채식의 종류는 플렉시테리언인데, 채식 중에서도 가장 자유로운 편이지. 아침은 꼭 채식을 하고 점심과 저녁은 상황에 따라 고기를 먹고 있거든. 요즘은 콩을 고기처럼 만든 대체육*이 나와서 가끔 이 대체육으로 만든 음식을 먹기도 해.

난 어릴 때부터 우리가 마시는 물에 관심이 많았어. SF영화를 보면 미래 지구의 풍경이 거의 사막으로 변해 있잖아. 그것을 보면서 물에 관심이 생겼지. '미래에 물이 사라지면 어쩌지?', '우리가 마시는 물은 어떻게 만들어지는 걸까?', '지구의 물은 얼마나 남아 있을까?' 하는 이런저런 궁금증이 많았어.

그러던 어느 날, 지하수를 품고 있는 지구의 대수층* 물을 인간이 수십 년 만에 고갈시킬 수도 있다는 사실을 알게 되었지. 이미 지구에 있는 수백만 개의 우물이 말라가고 있대. 빗물이 보충해 주는 속도보다 인간들이 지구의 물을 있는 대로 끌어 올리는 양이 훨씬 많기 때문이지. 누군가 이런 경고도 했어. "이러다가 21세기에는 영화처럼 물 때문에 전쟁이 일어날 수도 있다!"

물 부족으로 말라 버린 사막

나는 물이 무엇 때문에 줄어들었는지 이것저것 알아봤어. 여러 원인이 있지만, 그중에 가장 큰 원인은 바로 인간이 고기를 너무 많이 먹기 때문이었어! 고기를 좋아하는 인간을 위해 소와 돼지, 닭과 같은 가축을 사육하려면 엄청난 양의 물이 필요했던 거야.

우리가 사용하는 담수의 70% 정도가 고기를 생산하는 데 쓰인다는 것을 아는 사람이 얼마나 될까? 물론 많지 않겠지. 나도 전혀 몰랐으니깐. 소고기 400g을 먹지 않으면 6개월 동안 샤워를 하지 않은 것보다 더 많은 물을 절약할 수 있대.

나는 지금 조금씩 고기를 줄이고 있고, 채소와 과일을 많이 먹으려고 노력하고 있어. 우리가 먹을 소고기 1kg을 만들려면 1만 5천 리터의 물

이 필요하지만 토마토 1kg을 기르는 데에는 단 214리터만 있어도 되거든. 물론 소고기 대신 토마토만 먹으라는 말은 아니야. 하지만 사람들이 고기를 적게 먹으려고 노력만 해도 우리는 물을 절약할 수 있잖아. 다양한 채소를 먹어 보면서 내가 좋아하는 채소의 종류를 늘리는 것도 좋지 않을까?

아직 성장기인 어린이나 청소년 들이 채식만 하기에는 힘든 게 사실이야. 대신 상황에 맞게 고기를 적게 먹으려 노력만 해도 우리는 커다란 변화를 일으킬 수 있다는 사실을 명심하자!

 이 밖에도 공장식 축산은 엄청난 양의 수질 오염 물질을 만들고 있어. 예전에는 가축의 똥과 오줌이 비료의 역할을 제대로 해 왔지만, 공장식 축산에서 나오는 가축의 오물은 그 양이 어마어마하지. 결국은 전 세계의 호수와 강, 그리고 개울에도 가축의 오폐수가 흘러들어 물과 땅, 공기까지 심각하게 오염시키고 있단다.

채식주의자 '소크라테스' 이야기

고대 그리스의 철학자 소크라테스*가 고기를 먹지 않았다는 거 아니? 소크라테스는 '글라우콘*'과 채식에 대해 서로 다른 주장을 펼쳤단다. 둘의 대화를 한 번 들어 보렴. 마치 미래를 예견한 듯한 소크라테스의 주장이 얼마나 논리적인지 알 수 있을 거야.

글라우콘: 고기 먹는 일은 인간에게 필요한 식습관입니다.

소크라테스: 모든 사람이 고기를 맘껏 먹으려면 온갖 동물들을 고기로 잡아먹어야겠네요.

글라우콘: 그렇겠지요.

소크라테스: 처음에는 국민들을 먹여 살리기 충분하겠지만, 나중에는 턱없이 부족해지겠군요?

글라우콘: 물론 그렇지요.

 소크라테스: 그러면 우리는 동물을 키우고 사료를 경작할 많은 땅이 필요해지지 않을까요?

 글라우콘: 당연하지요.

 소크라테스: 땅은 점점 부족해지는데, 사람들이 찾는 고기 양이 계속 늘어난다면, 결국 다른 사람의 땅을 빼앗아야겠군요.

 글라우콘: 그렇게 되겠네요.

 소크라테스: 그러다 우리는 전쟁에까지 이르게 될 것입니다. 저는 그냥 채소를 먹겠습니다.

플라톤의 《국가》 일부를 읽기 쉽게 정리했습니다.

4.
동물들이 행복하게 살기를 바라

반가워! 나는 영국에 사는 '노아'라고 해. 나는 모든 동물성 식품을 먹지 않고 동물로 만든 물건을 사지 않는 비건 생활을 5년 동안 이어 오고 있단다.

이름: 노아
나이: 30대
사는 곳: 영국
채식 유형: 비건

내가 채식을 시작한 건 우리 집에 같이 사는 고양이 '치치' 때문이야. 고양이를 입양하면서 동물에 대한 관심이 커졌고, 동물과 사람이 마음을 깊이 나눌 수 있다는 것도 이해하게 되었지.

그러던 어느 날, 공장식 축산으로 키워지는 동물들에 관한 다큐멘터리를 보게 되었어. 내가 본 공장식 축산 방식은 동물을 공장에서 찍어내는 물건처럼 생각하는 것 같았어.

평생을 A4 용지 크기밖에 안 되는 좁은 공간에서 벗어나지 못한 채 항생제 주사를 맞고 컴컴한 곳에서 매일 알만 낳는 닭을 보았거든. 원래 체중의 6배가 넘게 살이 찌도록 유전자 조작을 하고, 온갖 질병과 더위, 스트레스로 서로를 쪼아대는 닭들의 삶은 너무 불행해 보였어.

소고기용 소들은 빽빽한 사육장에서 곡식 사료로 살을 찌우고 도살장으로 보내졌어. 마블링이 보이는 부드러운 육질을 만들기 위해 근육이 생기지 못하도록 아주 좁은 공간에서 움직이지 못하게 했지.

젖소로 태어난 소도 강제로 주사를 맞아 계속 임신한 몸을 유지하며 엄청난 양의 우유를 뽑아내야 했어. 그러다가 자기 몸을 지탱해 줄 영양소가 다 빠져나가면 결국 도살장으로 끌려가 우리가 즐겨 먹는 햄버거의 패티가 되었단다.

비좁은 사육장에서 자라는 돼지들

돼지들도 비참해 보이긴 마찬가지였지. 자세를 바꿀 수도 없는 좁은 시멘트 우리에 갇혀서 사료와 약품을 먹으며 비정상적으로 빨리 몸을 키운 뒤 5개월이 되면 도축이 되었어. 원래 돼지들은 진흙 목욕을 좋아하고 흙을 밟아야 관절이 다치지 않거든.

이 모든 사실을 알고 난 뒤, 나는 고기를 먹지 않겠다고 결심했어. 그리고 동물의 희생으로 만들어진 것은 무엇이든 사지 않겠다고 스스로 약속했지. 처음에는 너무 유난을 떤다고 생각하는 사람들이 많았단다. 그들의 시선이 따갑기도 했지. 하지만 지금은 놀라울 정도로 많은 사람이 관심과 지지를 보내줘서 힘을 얻고 있어.

'샥스핀'이라고 불리는 상어 지느러미 수프를 먹어 본 적 있니? 상어 지느러미는 상어, 가오리, 은상어 등의 지느러미 가운데에 있는 부드러운 뼈로 이루어진 부분을 말해. 사람들에게 샥스핀은 고급 요리로 알려져 있지. 그러다 보니 이것을 과시용으로 먹는 사람들도 많단다. 하지만 우리는 상어를 잡자마자 지느러미만 자르고 몸뚱이는 바다에 던져 버린다는 사실은 잘 몰라. 우리가 잠깐의 즐거움과 남들에게 과시하려고 먹는 음식 때문에 지느러미가 잘린 상어는 바닷속에서 서서히 죽어간단다.

5. 채식은 바이러스로부터 인류를 지킬 수 있어

난 채식을 실천한 지 거의 2년이 되어 가는 '세실'이야. 고기는 먹지 않지만, 동물에게서 자연스럽게 얻을 수 있는 달걀이나 우유는 먹는 락토를 하고 있단다. 고향인 프랑스에서 작은 식당을 운영하고 있지. 우리 식당은 이번에 전 세계를 마비시킨 코로나19* 바이러스의 영향을 크게 받았어. 모든 것이 마비된 듯 멈춰 버린 도시에서 나는 큰 충격을 받았단다. 바이러스가 얼마나 무서운 것인지 새삼 깨달았지.

그때부터 나는 어떻게 하면 WHO(세계 보건 기구)*가 선포하는 감염병 최고 경고 등급인 지금의 팬데믹* 상황을 이겨낼 수 있을지 알아봤어. 그러면서 우리가 예전부터 계속 겪고 있는 조류 독감*, 지카 바이러스*, 광우병*과 같은 다양한 인수 공통 감염병*이 야생 동물과 인간의 접촉

으로 널리 퍼지거나, 비위생적인 공장식 축산의 문제로 생겨났다는 것을 알게 되었지.

야생 동물들을 삶의 터전에서 내몰고 인간의 생활 공간까지 내려오게 만든 무분별한 개발들, 또는 몸보신을 위해 야생 동물을 잡아 먹는 오래된 식문화, 그리고 더럽고 비좁은 공간에서 동물을 키워야 하는 공장식 축산 방식…. 이러한 문제를 해결하지 못한다면 인류가 바이러스의 그늘에서 벗어나긴 힘들 거야.

전신 보호복을 입고 소독 중인 사람들

"코로나19와 같은 팬데믹의 근본적인 원인은 동물 학대에 있다."

세계적인 동물학자이자 환경 운동가인 '제인 구달*' 박사님이 하신 말씀이야.

지금 지구에 나타나고 있는 많은 바이러스는 자연과 생명을 제멋대로 대한 우리의 잘못된 태도가 만들어 낸 거야. 나는 이 사실을 깨닫고 우리 식당을 채식 식당으로 바꾸기로 했단다. 차근차근 다양한 채식 요리법을 연구하며 새로운 음식을 개발했어.

음식을 채식으로만 바꿨을 뿐인데, 삶의 많은 부분이 달라지는 것을 느껴. 세상을 바라보는 눈, 요리할 때의 마음가짐도 달라지고 말이야. 나는 지구에 사는 생명체들이 오랜 시간 살아남으며 다양한 종을 만들어 온 것에 박수를 보내고 싶어. 그리고 그들의 다양성을 지켜 주고 존중해 줄 거야. 생명은 다양성을 통해 좀 더 강인해졌고, 그래서 지구도 풍요로운 생태계를 갖게 된 것이니깐.

인류가 사용하는 항생제의 절반 이상이 공장식 축산에서 사용되고 있다는 것 아니? 그 외에도 각종 호르몬제와 살충제들이 우리가 먹는 고기에 들어 있단다. 얼마나 많은 세균과 바이러스가 그 안에서 생겨나기에 그러는 걸까? 공장식 축산은 동물들을 상품으로써 먹기 좋고 기르기 좋은 특정한 종으로 모두 조작해 한곳에 몰아넣고 키우고 있지. 이처럼 생물 다양성을 잃어버린 동물은 이미 약해질 대로 약해진 채 유전자 이상, 면역력 저하 등 다양한 문제를 일으키며 치명적인 바이러스까지 얻게 된단다.

6. 기아로 고통받는 사람을 도울 수 있어

난 미국에 사는 '존'이야. 헐리우드의 유명한 영화배우이기도 하지만, 25년째 채식을 실천하고 있는 채식주의자이기도 하지. 아참, 나는 음식을 적게 먹는 소식도 실천한단다. 내가 왜 채식과 소식을 하는지 궁금하지 않니?

모든 건 신문에 실린 한 장의 사진에서 시작되었어. 그 사진은 아프리카의 한 아이 모습을 담고 있었지. 아이는 앙상한 몸을 이끌고 1㎞ 떨어진 UN(국제 연합) 식량 캠프에 가는 중이었어. 바닥에 엎드려 거의 움직이지 못하는 굶주린 아이 모습은 너무 지쳐 보였어. 그리고 그 뒤에는 독수리 한 마리가 앉아서 아이를 지켜보고 있었단다. 엄청난 이야기가 담긴 이 한 장면을 어느 사진 기자가 세상에 영원히 남겨 주었지.

이 사진은 1994년에 퓰리처상을 받았어요. ⓒ 케빈 카터

나는 이 충격적인 사진을 어느 고급 식당에서 봤어. 내 앞에는 알맞게 익은 스테이크가 놓여 있었지. 사실 나는 이 사진을 보기 전에 스테이크를 한번 되돌려 보냈었어. 너무 익어서 덜 익힌 것으로 바꿔 달라고 부탁했거든. 이 사진을 보고 있을 때, 내가 돌려보낸 스테이크는 아마 버려졌을 거야.

결국 그날 나는 아무것도 먹지 못했단다. 그 상황이 너무 낯설고 불편하게 다가왔거든. '나는 이렇게 잘 먹는데, 저 아이는 왜 굶주린 채 죽음을 기다려야 하지?' 이러한 물음이 머릿속에서 떠나질 않았어. 그날부터 나의 관심은 온통 기아 문제에 집중되었단다. 그러다가 공장식 축산이 기아 문제의 원인 중 하나라는 것을 알게 되었어.

전 세계에서 우리 모두를 배불리 먹이고도 남을 정도의 곡물이 생산되지만, 그중 절반만 인간이 먹는다는 걸 알고 있니? 나머지 절반은 가축을 위한 사료용 곡물이란다. 그리고 깨끗한 물이 없어서 매일 700여 명의 어린이가 목숨을 잃고 있지만, 지구의 물 사용량 중 46%가 축산용으로 쓰이고 있다는 사실을 아는 사람은 거의 없지. 이 모든 사실이 내가 고기를 먹는 것에 대해 다시 생각하게 했어. 게다가 세계의 한쪽에서는 5초에 한 명씩 영양실조로 어린이들이 목숨을 잃고 있는데, 한쪽에서는 음식의 3분의 1이 버려지고 있는 게 현실이란다.

우리가 식탁 위에서 실천하는 사소하고 작은 행동이 세상을 구할 수 있다는 것을 기억하렴. 고기를 줄이거나 음식을 남기지 않는 것만으로도 우리는 식량 불균형으로 고통받는 사람을 도울 수 있단다.

인간은 소고기를 먹기 위해 소들에게 얼마나 많은 사료와 물을 먹이고 있는 걸까? 지구에 사는 70억 명의 사람이 하루에 200억 리터의 물과 952만 톤의 음식을 먹고 있다면, 지구에 사는 15억 마리의 소들은 매일 1,700억 리터의 물과 6,123만 톤의 곡물을 먹고 있다고 해.

사람 70억 명	> 약 4.6배	소 15억 마리
물 200억 리터	< 약 8.5배	물 1,700억 리터
음식 952만 톤	< 약 6.4배	곡물 6,123만 톤

채식주의자 '톨스토이' 이야기

위대한 소설가 톨스토이[*]는 그의 장편 소설 《전쟁과 평화》에 이런 문장을 남겼단다.

"도축장이 있는 한 전쟁터가 있을 것이다."

이 글만 봐도 톨스토이가 고기를 별로 좋아하지 않았을 거라는 추측을 할 수 있지. 톨스토이 아버지 또한 채식주의자였고, 실제로 톨스토이 식탁에 고기가 올라가는 일은 없었어.

이것과 관련한 하나의 짧은 일화가 있어. 우리에게 고기를 먹을 자유가 있는 것처럼, 고기를 먹지 않을 자유 또한 개인에게 있다는 생각을 해 볼 수 있는 이야기란다.

어느 날, 먹는 것을 좋아하는 톨스토이 고모가 톨스토이네 집에 놀러 왔다. 식사를 하려는데, 채소만 놓여 있는 식탁을 보고 고모는 버럭 화를 내며 이렇게 말했다.

"이토록 볼품없고 빈약한 음식은 도저히 못 먹겠어! 닭고기 정도는 있어야지."

얼마 뒤, 톨스토이의 고모가 또다시 식사하러 왔다. 하지만 그 어떤 음식도 차려져 있지 않았다. 식탁 의자에는 살아 있는 닭이 매달려 있었으며, 접시에는 부엌칼이 놓여 있었다. 고모가 놀라자, 톨스토이 아버지가 말했다.

"누나가 고기를 달라고 했잖아. 그런데 나는 그 닭을 죽일 생각이 없어. 그러니까 누나가 직접 하라고 미리 준비해 둔 거야."

7. 바다 생태계를 지키고 싶어

내 이름은 '칼리'야. 나의 취미이자 자주 하는 봉사 활동은 내가 사는 하와이 바닷가에서 쓰레기를 줍는 일이란다.

나는 바다를 엄청 사랑해. 그래서 수영도 자주 하고 스쿠버 다이빙도 좋아하지. 사람들은 바닷속 세상이 우주만큼 신비롭고 미지의 것들로 가득하다고 말해. 하지만 아름다운 바다는 이제 사람들이 버린 쓰레기로 넘쳐 나지.

　바다 쓰레기 중에는 특히 폐그물, 밧줄, 통발 등 고기잡이용 그물 도구가 많이 발견된단다. 그것들이 해류의 영향을 받고 한데 뒤얽혀 뭉쳐 있는 모양을 보면 마치 바다를 공격하는 괴물처럼 보여. 우리는 바다의 양식을 그물 한가득 가져가면서 고맙다는 말은커녕 쓰레기만 쏟아붓고 있어. 나는 이 사실을 세상에 더 많이 알리고 싶어졌지.

이름: 칼리
나이: 10대
사는 곳: 하와이
채식 유형: 락토오보

뒤엉킨 바다 쓰레기는 바다 생물들을 위협해요.

트롤 어선으로 잡힌 수많은 물고기예요.

 마침 나랑 함께 봉사 활동을 하는 친구가 진짜 무서운 그물에 대해 이야기해 주었어. '트롤 어선'이라고 불리는 엄청나게 큰 배가 자루 모양의 끌그물을 사용해서 바다 밑바닥의 물고기를 잡아들이는데, 이때 사용하는 그물이 바로 '저인망 그물'이나, '쌍끌이 그물'이라고 불리는 어마어마한 크기의 그물이라고 해. 이 그물은 큰 건 길이가 10㎞까지 되는데 점보제트기 13대 정도가 들어갈 수 있는 크기야.

 이 그물이 바다 밑바닥의 생명들을 남김없이 긁어내 끌어 올려서 처음에는 물고기가 많이 잡히지만, 바닷속은 파괴된 숲처럼 초토화가 되고 말지. 게다가 바다거북, 돌고래, 고래 같은 멸종 위기종까지 잡히는 경우도 많아. 그리고 원하지 않는 물고기들이 그물의 반 정도를 차지하고 대부분 목숨을 잃은 채 버려진다고 해.

 인간은 물고기를 너무 많이 잡고 있어. 새끼 물고기까지 죄다 잡아들이고 있거든. 그러면 다양한 물고기 종이 사라지고 바다 생태계가 파괴된다는 걸 정말 모르는 걸까? 나는 이러한 이야기를 더 많은 사람과 나누고 싶었어. 그래서 나만의 방법을 생각해냈단다. 바로 생선과 해산물을 먹지 않겠다고 마음먹고 SNS로 '생선 안 먹기 챌린지'를 시작한 거야. 지금까지 1년 정도 실천하고 있는데 생각보다 많은 친구들이 함께 참여해 주고 있어.

나와 챌린지를 실천해 보면 어때? 그리고 꼭 바닷속을 탐험해 보라고 말해 주고 싶어. 그러면 물고기가 생태계를 이루는 중요한 생명이라는 점을 더욱 생생하게 느낄 수 있을 거야.

해양학자와 어류학자 들이 계속해서 주장하는 이야기가 있어. 몇십 년 후에는 바다가 텅 비어 버릴 수도 있다고 말이야. 알록달록한 산호도 하얗게 바스러지고, 바다는 산성화가 되어 버릴 수 있대. 이 모든 게 오로지 생선을 많이 먹는 인간 탓이라는 건 아니란다. 기후 변화*와 같은 다양한 원인이 복잡하게 얽혀 있으니 말이야. 하지만 우리가 생선을 덜 먹고 물고기를 덜 잡으면, 바다 생태계가 좀 더 빠르게 회복될 수 있다는 건 분명한 사실이란다.

8.
종교의 가르침에 따라 채식을 실천해

안녕, 나는 인도에 사는 '카미야'라고 해. 나는 채식 중에서도 가장 엄격한 프루테리언이지. 나의 종교는 '자이나교'야. 인도에는 자이나교를 믿는 사람들이 많지. 그들은 모두 채식주의를 실천한단다. 자이나교는 생명을 죽이지 않아야 한다는 교리를 가장 중요하게 여기거든.

자이나교를 믿는 사람들은 고기를 먹지 않을 뿐만 아니라 채소 중에서도 감자와 같은 뿌리채소도 먹지 않아. 채소를 뽑을 때 땅에 있던 미생물들까지 다치게 할 수 있기 때문이지. 같은 이유로 농사도 짓지 않아.

교리를 철저히 지키는 사람들은 벌레가 많이 발견되는 브로콜리와

같은 채소도 먹지 않고, 씨앗이 많이 들어 있는 토마토, 무화과 열매도 먹지 않는단다. 나 또한 모든 생명을 죽이면 안 된다는 비폭력 신앙을 전하는 자이나교의 교리를 지키려고 노력하고 있어.

세상에는 종교적 이유로 채식을 실천하거나 육식을 제한하는 사람이 많단다. 채식을 권장하는 종교로는 불교가 있지. 물론 불교를 믿는 사람이 모두 채식을 하는 건 아니야. 다만, 불교의 교리를 깊이 이해하는 사람들은 살아 있는 생명을 음식으로 먹는 일에 더욱 신중하려고 노력한단다.

그 밖에도 소를 숭배해서 소고기를 먹지 않는 힌두교, 돼지고기를 먹지 않는 이슬람교와 유대교, 사순절이나 주일처럼 특별한 날에는 금식과 금육을 권하는 기독교 등이 있어. 다양한 종교에서는 하나같이 생명을 죽이는 일, 고기를 먹는 일을 가볍게 여기지 않는단다. 특히, 이슬람교는 코란의 가르침에 따라 도축된 할랄 식품*, 유대교는 유대교 율법에 따라 도축되고 준비된 코셔 식품*으로 인증된 고기만 먹을 수 있어.

9. 내 몸과 건강을 위해 채식을 할 거야

나는 한국에 사는 '연수'라고 해. 아토피와 알레르기가 심해서 채식을 시작하게 되었어. 그동안 나는 고기를 먹으면 두드러기와 가려움이 심해지는 알레르기 증상으로 고생을 많이 했어. 의사 선생님은 나에게 초가공식품*과 패스트푸드*는 특히 먹지 말라고 당부하셨어.

난 이제 흰살생선을 제외한 거의 모든 고기는 먹지 않고 채소와 견과류, 과일 위주의 식사를 하고 있어. 의사와 전문가의 도움을 받아 내 몸에 맞는 자연식 식단을 짜서 꾸준히 지키고 있지. 덕분에 지금은 여러 알레르기에서 많이 벗어나게 되었어.

세계적으로 유명한 운동선수 중에도 채식을 실천하는 사람들이 꽤 많아. 그들은 고기를 먹을 때보다 더 좋은 체력과 운동 능력을 갖추게 되었

다고 말하지. 오래전부터 갖고 있던 질병과 염증을 치료해 최고의 기량을 발휘하게 되었다는 선수들도 있고 말이야.

나도 점점 건강을 되찾으니 자신감도 조금씩 올라가고 주변에 관심이 생기더라고. 그래서 세상에 도움이 되는 사람이 되고 싶어졌지. 그러다가 채식이 몸에만 좋은 게 아니라 지구를 돕는 데에도 매우 중요한 습관이라는 것을 알게 되었어. 나는 채식을 더 많은 사람에게 알리기로 했단다. 요즘 나와 생각이 비슷한 또래 친구들을 찾고 있어. 그 친구들과 함께 '고기 없는 월요일' 캠페인을 해 보는 게 꿈이야.

'고기 없는 월요일' 캠페인은 세계적인 팝 밴드 '비틀스'의 멤버였던 폴 매카트니가 2009년 시작한 캠페인이란다. 그는 공장식 축산으로 동물들이 고통받는 문제, 지구 온난화와 같은 환경 문제 등을 해결하기 위해 일주일에 하루는 채식을 하자고 제안했어.

채식주의자 '소로' 이야기

　자연을 통해 삶에 대해 깊이 알고자 했던 미국의 사상가이자 시인이며 수필가였던 헨리 데이비드 소로*는 '월든'이라는 이름의 호숫가 숲속에서 통나무집을 짓고 살았어. 문명에서 벗어나 2년여 동안 손수 밭을 일구고 자급자족하며 다양한 경험을 하고 느낀 것들을 솔직하게 글로 기록했지.

　그의 글은 《월든》*이라는 책으로 세상에 소개되었고, 지금까지도 많은 사람에게 깊은 감동과 깨달음을 주고 있단다. 책 내용 중 소로가 한 농부와 나눈 짧은 대화를 소개할게.

한 농부가 내게 말했다.

"채소만 먹고 살 수는 없어요. 채소만으로는 우리 몸의 뼈를 만들 수 없을 테니까요."

그래서 그 농부는 하루 중 일부를 뼈의 영양소를 섭취하는 데 충실하게 바친다.

그는 이와 같이 말하면서 쟁기질하는 소를 뒤따라갔다. 하지만 농부를 끌고 다니며 밭을 가는 저 소는 오직 채소만 먹고 살고 있다.

헨리 데이비드 소로의 《월든》 일부를 읽기 쉽게 정리했습니다.

"채식을 할 수 없는 사람도 있을까?"

척박한 환경에서 살아가는 사람들

티베트 고원 지대에는 계절에 따라 살 곳을 옮겨 다니는 유목민이 살아. 그들은 채소보다는 주로 야크나 양, 염소 고기를 먹고 우유, 버터, 치즈, 요구르트를 먹지. 어떤 사람은 그들이 불교의 가르침을 따르면서 왜 고기만 먹느냐고 궁금해 하기도 해. 하지만 그건 그들이 살고 있는 환경을 잘 몰라서 하는 말이야.

티베트 고원은 몹시 춥고 높은 곳에 자리 잡고 있어. 그래서 한여름을 빼고는 땅에서 채소나 곡식이 자라기 힘들지. 그러다 보니 유목민들은 가축을 통해 고기와 유제품을 얻어먹으며 생활할 수밖에 없단다.

그들은 가축을 가족이자 형제이며 친구로서 대하고 있어. 평소 가축은 그들의 짐을 옮겨 주거나 우유를 제공해 주지. 그리고 털은 옷이나 도구를 만들 때 쓰이기도 해. 게다가 가축의 똥은 땔감이나 집을 짓는

유목민들이 사는 천막

재료로 쓰이기도 한단다. 그들은 가축을 잡아 고기로 먹을 때마다 다 같이 모여 희생당한 동물을 위해 기도하고 고통을 최소한으로 줄여 주려고 노력해.

척박한 땅과 기온 속에서 살아가는 유목민 외에도 건조하고 일교차가 큰 사막 지대에 사는 원주민, 추위와 얼음 속에서 살아가는 에스키모처럼 세상에는 자신들이 처한 환경에 적응하며 살아가는 사람들이 많아. 이들이 평소 동물을 어떻게 대하며, 가축과 어떻게 생활하는지 옆에서 지켜본다면 그들을 고기만 먹는다고 비난할 사람은 아무도 없을 거야.

삶에서 꼭 필요한 것들을 갖추지 못한 사람들

　세상에는 다양한 종류의 어려움에 처한 사람들이 많아. 전쟁으로 모든 것을 빼앗기고 억압받는 사람들, 기후 변화로 삶의 터전을 잃어버린 사람들, 질병이나 가난, 굶주림으로 고통받는 사람들…. 지금 이들에게는 무엇보다 안전한 보금자리와 건강한 몸, 물 한 모금과 밥 한 끼가 가장 중요하지. 당연히 이들에게 채식을 권유할 사람은 아무도 없을 거야.

음식 배급을 기다리는 아이들

　우리가 무엇을 먹고 무엇을 안 먹을지 결정할 수 있는 건 삶에서 필요한 것들을 충분히 갖추고 있기에 가능한 것이란다. 기본적인 생존 요건을 갖추지 못한 사람에게는 채식을 선택할 수 있는 것보다 생존이 더 우선이 되어야 하지.

   그래서 우리는 무조건 채식을 주장하기보다 서로 다른 환경과 조건 속에 사는 사람들을 이해하고 존중해야 해. 그리고 도움이 필요한 사람들에게는 도움의 손길을 내밀어야 하지. 그들이 안전한 생활을 할 수 있도록 돕고, 아픈 곳은 치료받을 수 있게 하며, 먹고 마실 수 있는 음식을 제공하고, 자립할 수 있는 능력을 키워 주어야 해. 그 뒤에 더 나은 미래를 함께 고민하면 된단다.

세 번째 시간

채식을 생활 속으로 초대해

혹시 눈치챘니? 앞에서 소개한 연수가
바로 송이가 짝사랑한다는 그 친구란다.
세 번째 수업에는 송이와 연수가 함께할 거야.
맛있는 채식 요리도 같이 만들어 보면서
우리가 할 수 있는 채식 활동도 해 보자.

"누구라도 매일 조금씩은
세상을 좋은 쪽으로 바꿀 수 있습니다."

-제인 구달

1.
나도 채식을
할 수 있을까?

 박사님, 저도 정말 채식을 할 수 있을까요?

 물론이지. 전에도 말했지만, 채식이 오로지 풀만 먹는 것을 뜻하는 것은 아니거든. 너에게 맞는 채식을 찾아 실천하면 된단다. 일주일에 하루만 온전한 채식을 할 수도 있고, 평소 우유를 좋아하지 않는다면 유제품을 먹지 않는 것부터 시작할 수도 있어.

 그럼 앞으로 저는 유제품이랑 달걀도 안 먹고 채소랑 과일만 먹는 채식을 할래요.

처음부터 기준을 너무 높게 세우는 건 시작하는 사람들에게 바람직하지 않단다. 게다가 쑥쑥 자라나는 어린이와 청소년은 영양소를 골고루 섭취하는 게 가장 중요하니까 혼자 결정하기보다는 반드시 어른과 상의해서 실천하렴.

송이야, 무엇보다 네가 음식을 먹으면서 지구와 좀 더 가까워질 수 있다는 사실을 기억하면 좋겠어. 우리가 어디서 무엇을 먹든지 그 음식을 통해 지구의 사랑과 놀라운 생명력을 느끼는 것이 가장 중요하다고 생각해. 그런 마음이 내 안에 자리 잡으면, 어떤 방식으로 채식을 실천할지 좀 더 편안하게 생각할 수 있을 거야. 그렇죠, 박사님?

연수 말이 맞아. 평생 만들어진 식습관을 한 번에 바꾸기란 절대 쉽지 않아. 그러니까 천천히 너의 상황과 속도에 맞춰 자연스럽게 채식과 친해져 보렴. 그럼, 지금부터 우리가 실천할 수 있는 식습관에 대해 이야기 나눠 볼까?

 채식을 하든, 하지 않든 매일 세끼를 먹으면서 지키면 좋을 식습관 다섯 가지를 정리해 봤어.

매일 실천하는 나만의 건강한 식습관 5가지

① **먹을 만큼만 덜어 먹고 음식을 남기지 않는다.**

음식물 쓰레기 문제도 환경 오염의 심각한 원인이야.

② **천천히 먹고 여러 번 씹는다.**

나의 몸과 마음을 생각하며 먹을 수 있는 좋은 습관이야.

③ **어디에서 무엇을 먹든 식사 전과 식사 후, 감사 인사를 한다.**

감사의 마음이 담긴 짧은 기도문이나 노래를 외워도 좋아!

④ **즐거운 마음, 감사한 마음으로 식사한다.**

채식을 하면서 불평불만만 늘어놓는다면 안 하는 게 낫다는 사실!

⑤ **미디어를 멀리 두고 온전히 식사에만 집중한다.**

나와 지구 사이를 방해하는 것은 일단 치우자.

 저는 일주일에 하루만 채식을 하기로 결심했어요. 엄마에게 말씀드렸더니 엄마도 같이 실천하시겠대요. 제가 지키기로 한 채식 습관을 소개할게요. 잘 지킬 수 있겠죠?

평범하지만 위대한 채식 습관 5가지

① 일주일에 하루, 요일을 정해서 균형 잡힌 채식을 한다.

식단 짜는 건 어른에게 꼭 도움을 요청하자.

② 햄, 소시지, 통조림 등 고기를 가공한 식품은 되도록 먹지 않는다.

정말 먹고 싶다면 2주일에 한 번 정도로 줄여 보자.

③ 고기가 아니라는 이유로 탄산음료나 떡볶이, 라면 등의 인스턴트식품을 자주 먹지 않는다.

채식은 환경을 생각하는 것도 있지만, 나의 건강을 위해서도 필요해.

④ 과일과 채소는 유기농으로 키운 것, 모양이 울퉁불퉁 못생긴 것을 고른다.

못생겼다는 이유로 버려지는 채소와 과일이 많지만, 유기농은 오히려 생김새가 못생겼다는 사실!

⑤ 베란다에서 채소를 직접 키워 먹는다.

실패해도 괜찮으니까 도전! 상추, 토마토 등 쉬운 것부터 시작해 봐.

 제 주변에는 꼭 채식을 하지 않아도 지구와 동물을 생각하면서 음식을 대하는 사람이 많아요. 어떤 방법이 있는지 함께 읽어 보아요!

누구나 할 수 있는 채식 활동 5가지

① 매일 한 끼니에서 동물성 재료를 하나만 빼 본다.

닭 가슴살 없는 샐러드나, 샌드위치에서 베이컨을 빼는 방법이 있어.

② 고기류, 달걀, 유제품에 붙어 있는 라벨을 잘 살펴서 동물 복지가 지켜진 것, 친환경, 유기농 제품을 산다.

이런 식품은 가격이 비싸고 양이 적어서 자연스레 줄일 수 있어.

③ 동물에게 너무 큰 고통을 주는 푸아그라*나 샥스핀, 송아지 고기*는 먹지 않는다.

동물에게 좋지 않은 건 사람에게도 좋지 않아.

④ 대체육이나 식용 곤충* 같은 고기를 대체한 식품들에 관심을 가져 본다.

영양가도 좋고, 맛도 생각보다 괜찮을 거야.

⑤ 믿을 수 있는 동물 복지 단체나 환경 단체를 응원하고 기부한다.

정말 많은 단체가 있으니 꼼꼼히 잘 찾아보자.

2.
채식 요리는
어렵지 않을까?

 전문 요리사가 내놓는 거창한 채식 요리를 생각한다면 누구라도 채식 요리가 부담스럽게 느껴질 거야. 하지만 채식 요리는 오래전부터 우리가 즐겨 먹고 자주 먹던 음식이란다. 고구마, 감자, 옥수수 등 채소를 삶거나, 상추나 깻잎에 싸 먹는 것도 채식 요리라고 할 수 있어. 단순하게 요리할 때 고기나 동물성 재료를 뺀다고 생각해 봐. 절대 어렵고 특별한 것들이 아니지.

 이번에는 채식 요리 몇 가지를 소개할 거야. 누구나 간편하게 만들 수 있고, 맛 또한 보장되는 요리니까 시작하기 전부터 겁낼 필요 없어. 그리고 처음부터 완벽하게 해내겠다는 부담감도 내려놓자. 혼자서 할 수 있는 요리는 스스로 해 보고, 불이나 칼을 사용할 때에는 어른의 도움을 받아서 같이 만들어 보자.

　재료는 있으면 있는 대로, 없으면 없는 대로! 좋아하는 재료는 더하고 싫어하는 재료는 빼도 좋아. 반드시 레시피와 똑같을 필요는 없단다. 가장 중요한 건 채소는 맛 없다는 편견을 버리는 거야. 채식 요리를 만들다 보면 여러 가지 채소의 다양한 색감 덕분에 더 먹음직스러운 음식을 만들 수 있어. 송이와 연수가 소개하는 요리를 통해 맛도 영양도 풍부한 채식과 조금이라도 가까워지길 바랄게.

쓱싹쓱싹 비비자!

① 나물 비빔밥

- **재료:** 콩나물, 시금치, 무생채 등 나물 반찬, 참기름, 간장, 고추장

- **만드는 법:** 냉장고에 나물이나 채소 반찬이 있으면 아주 쉬운 요리! 넓은 그릇에 밥을 담고, 나물 반찬을 세 가지 정도 같이 담는다. 그리고 참기름 반 스푼, 간장 반 스푼 정도를 넣고 골고루 비빈 후 먹는다. 매운맛을 좋아한다면 간장 대신 고추장을 반 스푼 넣고 비빈다.

 나물 반찬이 없으면 상추나 깻잎, 오이 등 채소를 먹기 좋게 잘라서 비벼 먹어도 맛있어요.

② 토마토 양파 샐러드

- **재료:** 양파, 토마토(또는 방울토마토), 견과류, 생채소, 소금, 후추, 올리브오일, 발사믹드레싱

- **만드는 법:** 토마토는 크기에 따라 4~6등분, 방울토마토는 반을 딱 자른다. 양파를 칼로 잘게 썬다. 양파는 토마토 양의 4분의 1 정도가 좋다. 그릇에 양파와 토마토를 넣고, 그 위에 견과류나 집에 있는 생채소를 깨끗이 씻어서 손으로 먹기 좋게 찢어 넣는다. 모두 골고루 섞은 뒤

소금과 후추 두 꼬집씩, 올리브오일은 한 번 두른다. 마지막으로 발사믹드레싱도 한 번 두르고 섞어 먹는다.

 칼질이 서툴다면 어른에게 부탁하세요. 그리고 주의할 점! 양파 만진 손으로 눈을 비비면 폭풍 눈물이 날지도 몰라요.

보글보글 국을 끓이자!

① 된장국

- **재료:** 된장, 집에 있는 채소
- **만드는 법:** 된장을 한 스푼 물에 풀어서 끓여 준다. 집에 있는 채소를 넣어 준다. 배추를 넣으면 배추 된장국, 시금치를 넣으면 시금치 된장국, 버섯을 넣으면 버섯 된장국, 두부를 넣으면 두부 된장국이 된다.

② 들깨 버섯 미역국

- **재료:** 미역, 표고버섯, 느타리버섯, 들깻가루, 간장, 소금
- **만드는 법:** 마른 미역을 물에 불린다. 표고버섯과 느타리버섯을 작게 찢는다. 물에 불은 미역을 냄비에 넣고 표고버섯을 함께 넣는다. 미역

과 버섯이 충분히 잠길 정도로 물을 넣고 푹 끓인다. 부글부글 끓으면 간장 한 스푼을 넣고 간을 맞춘다. 싱거우면 소금을 두 꼬집 정도 넣어 준다. 마지막에 들깻가루를 두 스푼 정도 넣고 더 끓인다. 미역국이 뽀얗게 되면 완성!

채소를 많이 넣으면 다른 반찬을 먹지 않고 국만 먹어도 포만감이 들 거예요.

한입 가득 쌈을 싸 먹자!

① 각종 쌈
- **재료:** 상추나 양배추, 다시마 등의 쌈 재료, 밥, 초고추장

- **만드는 법:** 상추와 찐 양배추, 다시마 등에 밥과 초고추장을 넣고 싸서 먹는다. 초고추장은 고추장 2스푼, 식초 2스푼, 참기름 1스푼, 설탕 1스푼, 간장 반 스푼을 넣어 섞는다.

② 월남쌈
- **재료:** 라이스페이퍼, 여러 가지 생채소(당근, 파프리카, 양배추, 양파, 오이, 깻잎, 새싹 채소)와 과일(사

과, 배, 파인애플), **다양한 소스**(간장소스, 땅콩소스, 스위트칠리소스)

- **만드는 법:** 여러 가지 채소와 과일을 준비해서 채칼로 잘게 썬다. 라이스페이퍼를 미지근한 물에 담가 부드럽게 만든 뒤, 넓은 접시에 펼쳐 놓고, 손질한 재료를 위에 올리고 예쁘게 싼다. 좋아하는 소스를 재료 위에 뿌리거나 찍어 먹는다. 간장소스는 간장 1스푼, 식초 1스푼, 설탕 반 스푼을 넣고 섞는다.

 채소를 생으로 먹는 요리니까 채소를 꼼꼼하게 잘 씻는 게 중요해요.

삶고, 찌고, 구워 먹자!

① 감자, 고구마 삶기

- **재료:** 감자, 고구마
- **만드는 법:** 감자나 고구마는 흐르는 물에 잘 씻어서 흙이나 이물질을 없앤 뒤 냄비에 넣는다. 고구마는 찜기 위에 올려서 찌면 좋다. 냄비에 물을 자작하게 채우고 중간 불에서 30분 정도 삶는다. 감자는 물에 소금을 약간 넣어 준다. 긴 젓가락으로 찔러 봐서 안쪽까지 푹 들어가면 다 익은 것. 뜨거우니까 급하게 먹지 않고 호호 불어서 식혀 먹는다.

② 모둠 채소찜

- **재료:** 여러 가지 채소(단호박, 브로콜리, 토마토, 당근, 청경채), 간장소스
- **만드는 법:** 냉장고에서 여러 가지 채소를 꺼낸다. 채소를 깨끗하게 씻고 적당한 크기로 잘라 찜기에 올려서 찐다. 두부나 버섯도 함께 찌면 좋다. 한 김 식은 뒤 간장소스에 찍어 먹는다.

 칼이나, 불을 사용하는 것은 위험하므로 무조건 어른과 함께!

꽃향기를 마시자!

- **재료:** 식용 꽃, 허브(파슬리, 민트, 바질, 팬지, 캐모마일, 루콜라, 로즈메리)
- **만드는 법:** 허브나 식용 꽃을 얼음 틀에 넣어 물과 같이 얼린다. 차나 물을 마실 때 만들어 놓은 허브 얼음이나 꽃 얼음을 잔에 넣어 마신다.

 보는 즐거움 덕분인지 물맛이 더 좋아요!

 할 줄 아는 채식 요리가 없다고 속상해하지 마세요. 요리는 정답이 없어요. 우리가 알고 있던 익숙한 틀에서 벗어나 내 상상대로 새롭게 도전해 보세요. 내 안에서 잠자고 있던 창작 능력을 깨울 좋은 기회예요. 채식 요리는 실패해도 즐거워요. 모두가 도전자이고 아무도 뭐라 하지 않거든요. 나만의 요리를 만들어 보는 거예요!

3. 채식을 하지 않는 게 잘못일까?

채식을 하지 않는다고 해서 죄책감을 느끼거나 잘못됐다고 생각할 필요 없어. 세상에는 고기를 즐겨 먹으면서도 그 누구보다 음식을 감사히 먹고, 음식물 쓰레기를 남기지 않으며, 지구와 인류를 생각하는 사람이 더 많아. 반대로 채식을 철저하게 실천하면서도 세상에 대한 불평불만이 가득하고, 이것저것 물건을 많이 사고 버리는 등 다른 습관 속에서 지구를 해치고 있는 사람도 있단다. 채식을 한다는 이유만으로 그 사람이 남들보다 더 나은 사람이라고 평가할 수는 없는 거야.

지금부터 채식을 하지는 않지만, 우리의 먹거리를 통해서 세상을 좀 더 이롭게 만드는 다양한 사람들의 이야기를 들어 보자.

"환경과 동물 복지를 생각한 먹거리를 삽니다."

저는 우리가 물건을 살 때마다 세상을 바꿀 수 있다고 생각해요. 우리는 매일 무언가를 사잖아요. 이렇게 날마다 하는 행동을 조금씩 바꾸면 우리의 미래도 생각보다 빨리 변할 거예요.

저는 고기를 살 때 목초를 뜯어 먹으며 자란 소고기, 넓은 땅을 돌아다니며 자란 닭고기와 돼지고기를 선택하려고 노력해요. 물론 이러한 고기는 공장식 축산에서 대량 생산된 고기보다 값이 비싼 게 사실이에요. 그래서 저는 '자연스러운 방식으로 생산된 비싼 고기'를 선택하면서 고기를 가끔만 먹기로 했답니다. 예전에는 매일 사 먹던 고기를 지금은 일주일에 두 번으로 줄였어요.

환경과 동물 복지를 생각하며 생산된 고기를 선택하는 것, 먹을 만큼만 사고 음식물 쓰레기를 남기지 않는 것! 지구를 위해 우리가 지금 당장 할 수 있는 행동이랍니다.

"생물 다양성을 되찾아 주는 유기농 먹거리를 생산합니다."

저는 나무와 동물이 함께 어울려 지내는 작은 농장을 운영하고 있어요. 제가 키우는 젖소들은 땅에서 먹을 풀이 부족해지면 나무에서 바로 영양을 섭취해요. 또 여름에는 나무 그늘에서 휴식을 취하지요. 나무 아래는 다른 곳보다 목초가 잘 자라고 땅의 질도 더 좋아졌어요. 소똥이 나무에 큰 도움을 주었지요. 이처럼 저희 농장은 모든 것이 연결되어 자연스럽고 조화롭게 움직이고 있답니다.

제가 만약 공장식 축산 방식으로 돼지를 키웠다면 곡물 사료를 먹이기 위해 매년 황폐해진 땅을 갈아엎고 화학 비료를 사용해 사료용 곡식을 키웠겠지요. 그것으로도 부족해 수입해 온 곡물까지 더 먹이고 있을 거예요. 하지만 지금 제 농장은 300년, 400년 된 도토리나무가 돼지 먹이의

60%를 채워 주고 있답니다. 저희 농장에는 사라졌던 야생 동물과 곤충 들이 돌아와 번식하기 시작했고, 자연스럽게 수십 종의 과일과 채소도 재배할 수 있게 되었어요.

"버려진 음식물을 새 자원으로 만드는 회사를 소개합니다."

저는 음식물 쓰레기를 발효시켜 퇴비로 만드는 사업을 하고 있어요. 원래는 3대째 요식업을 해 오고 있었지요. 하지만 어마어마하게 버려지는 음식물 쓰레기 때문에 고민이 많았어요. 그러다가 지렁이의 도움으로 음식물 쓰레기가 천연 비료로 다시 태어나는 과정을 직접 보게 되었답니다. 그 후에 저는 천연 비료 만드는 사업을 시작하게 되었어요.

식당, 학교나 회사 급식소, 병원, 양로원, 패스트푸드점 등을 돌며 음식물 쓰레기를 가져온 뒤, 저희 회사에서 운영하는 공장에서 퇴비로 변신시키고 있어요.

음식물 쓰레기가 자연적인 몇 단계 과정을 겪으며 스스로 발효되고, 지렁이가 곱고 검은 똥을 내놓는 것을 끝으로 퇴비 작업이 마무리되면, 유기농 농장의 땅을 비옥하게 해 줄 천연 비료가 완성된답니다.

현재 저희 회사는 지구 환경에 큰 도움이 되는 회사로 인정받으며, 새로운 산업 분야와 새로운 직업을 만들어 내고 있다는 평가를 받고 있답니다.

"정부 프로그램이 작은 농장주들의 삶을 바꿔 주었습니다."

2010년 브라질 정부는 학교 급식소에서 필요한 식재료의 30%를 반드시 가족이 운영하는 작은 농장에서 사야 한다고 법으로 정했습니다. 이 같은 '학교 급식 프로그램'을 매년 진행하기 위해 정부는 많은 돈을 지원했고, 수천만 명이 혜택을 보게 되었지요. 이 프로그램은 초등학생부터 고등학생까지 질 좋은 먹거리를 먹을 수 있게 되었을 뿐만 아니라 수백만 명의 소규모 농부들의 삶도 바꿔 놓았답니다.

정부의 이런 학교 급식 프로그램이 없었다면 작은 농장들은 거대한 공장형 농장과의 경쟁에서 살아남지 못했겠지요. 학교 급식소에 식재료를 공급하는 일은 아예 꿈도 꾸지 못했을 거예요. 하지만 이들을 돕는 것은 곧 지구 환경을 돕는 것과 같습니다. 이들은 대부분 나무와 채소, 동물들을 모두 함께 기르는 혼농 임업*으로 농장을 운영하기에 다양한 종이 함께 어우러져 일 년 내내 제철 생산물이 끊이지 않거든요.

이 프로그램은 UN(국제 연합)이 우수 사례로 꼽아 개발 도상국의 모델이 되었답니다.

"채식을 하는 사람들의 한마디"

"우리는 채식을 지지합니다!"

"화석 연료를 지금부터 전혀 사용하지 않는다고 해도 세계 온실가스 배출량의 30%에 달하는 세계 식량 시스템을 그대로 유지하는 한, 2050년 이후 지구 평균 기온의 1.5~2도 상승을 피할 수 없습니다. 하지만 채식 위주의 식단을 실천하면 그것만으로도 1.5도 상승을 막을 기회가 50% 생겨납니다."

- 2020년 과학 학술지 〈사이언스(Science)〉에 수록된
미국과학진흥회(AAAS) 국제 공동 연구팀 분석 자료

"온실가스를 줄이고 기후 변화를 막으려면 붉은 고기 섭취를 줄이고, 통곡물과 채소, 과일 위주의 식물성 식단을 먹어야 합니다."

- 2019년 IPCC(기후 변화에 관한 정부 간 협의체)[*]의
〈기후 변화와 토지에 대한 특별 보고서〉

"육식이야말로 이 시대 가장 큰 환경 문제를 일으키는 주범 가운데 하나입니다. 기후 변화에 맞서기 위해 개인이 할 수 있는 가장 영향력 있고 확실한 노력은 채식을 하는 것입니다."

- FAO(유엔 식량 농업 기구)*

"기후 변화와의 싸움에서 이기려면 육류 섭취를 줄여야 합니다. 그 방법은 즉시 행동으로 옮길 수 있고, 빠른 시간 안에 큰 효과를 볼 수 있기 때문입니다. 고기를 먹지 않으면 우리가 가장 원하는 것을 얻게 될 것입니다."

- 라젠드라 파차우리(IPCC 전 의장, 노벨 평화상 수상자)

"우리는 채식을 합니다!"

"한 나라의 위대함과 도덕성은 동물을 다루는 태도를 보면 알 수 있다. 나약한 동물일수록, 인간의 잔인함으로부터 더욱 보호되어야만 한다."

– 마하트마 간디

"나는 어렸을 때 고기를 먹지 않겠다고 결심했다. 언젠가 동물 죽이는 것을 인간을 죽이는 것과 똑같이 볼 날이 올 것이다."

– 레오나르도 다빈치

"도축장이 있는 한 전쟁터가 있을 것이다."

– 레프 톨스토이

"나는 인간의 권리만큼 동물의 권리도 소중하게 생각한다. 그것이 모든 인류가 나아가야 할 길이다. 나는 개나 고양이를 제대로 대접해 주지 않는 인간의 종교에는 별 흥미가 없다."

– 에이브러햄 링컨

"사람들은 고기를 먹지 않으면, 뭘 먹어야 할지 상상조차 못 한다. 그들은 원래 채소를 먹어야 하는데, 그 대용으로 고기를 먹는다는 사실을 깨닫지 못한다. 자연은 풍부한 영양이 들어 있는 먹을거리를 충분히 제공해 주고 있다."

– 헬렌 니어링

"남부 프랑스에 있는 한 도살장을 방문한 뒤로 나는 고기를 끊었다."

– 빈센트 반 고흐

"흑인은 진정한 인간이며 제대로 존중받아야 한다는 주장은 처음에는 바보 같은 소리라고 비웃음당했다. 과거에 바보 취급을 받던 주장은 지금 진실이 되어 있다. 오늘날 모든 생명체들이 존중받아야 한다는 주장이 좀 지나치게 여겨질 수도 있겠지만, 언젠가는 인류가 무자비하게 생명체를 대했다는 사실에 놀라워할 시대가 올 것이다. 윤리는 절대적으로 모든 생명에게 적용되어야만 한다."

– 알베르트 슈바이처

"이 땅의 짐승들을 형제로서 받아들여야 한다. 짐승들에게 일어난 일은 얼마 안 가 사람들에게도 일어나기 마련이다. 모든 것은 연결되어 있다."

– 시애틀 인디언 추장

"그 희생양이 인간이든 동물이든 우리가 우리의 잔인함에 대해 받아들일 용기가 없다면, 우리는 이 세상에서 더 나은 것을 바랄 수 없다."

— 레이첼 카슨

"우리의 형제인 동물들을 해치지 않는 것은 그들에 대한 우리의 첫째 의무이지만, 거기에 그치는 것은 충분하지 않다. 우리에게는 보다 높은 사명이 있으니, 그들이 필요로 할 때마다 도움을 주는 것이다."

— 성 프란치스코

"살아 있는 모든 생명을 향한 사랑은 인간의 가장 고결한 특징이다."

— 찰스 다윈

에필로그

　박사님의 수업을 다 들은 지 벌써 넉 달이 지났어요.
　그사이 연수와 저는 어떻게 되었냐고요? 물론 베스트 프렌드가 되었지요! 저희는 숙제도 같이 하고, 주말에 전시회도 함께 가고, 자전거도 같이 타며 시간을 보낸답니다. 함께 채식을 하다 보니 채식 식당도 찾아다니면서 즐겁게 지내고 있어요.
　얼마 전, 학교에서 소풍을 갔을 때는 제가 만든 채소 김밥을 연수와 함께 나눠 먹었어요. 솔직히 김밥 옆구리도 터지고 맛있지는 않았지만, 연수는 지금까지 먹은 김밥 중에 제일 맛있었다고 말해 주었지요! 얼마나 뿌듯했는지 몰라요.
　사람들은 가끔 저에게 채식을 하면서 달라진 게 있는지 물어봐요. 사실 눈에 띌 만큼 크게 달라진 건 없어요. 음, 생각해 보니 채소 반찬을 전보다 잘 먹어서 엄마가 가장 좋아하세요. 가족과 함께 주말 텃밭도 시작했어요. 상추와 토마토, 고추를 키우고 있는데 아주 성공적이에요. 뿌듯함과 성취감도 함께 느낄 수 있거든요.

그리고 얼마 전에 연수의 꿈이기도 한 '어린이를 위한 고기 없는 월요일' 클럽을 만들었어요. 열심히 홍보도 하면서 함께할 친구들도 모집했어요. 큰 기대는 안 했는데 꽤 많은 친구들이 모였답니다.

아, 박사님은 어떻게 지내시냐고요? 또다시 여행을 떠나셨어요. 이번에는 툰드라로 가셨대요. 그곳에 사는 순록과 유목민 들을 만나고 와서 우리에게 재미있는 경험담을 들려주시기로 하셨답니다.

마지막으로 한 가지 비밀을 말하자면, 저는 여전히 연수를 짝사랑하고 있어요. 아직 고백할 용기는 나지 않지만, 나중에 아주 멋진 채식 요리로 저의 마음을 고백할 거예요. 그때까지 꼭 응원해 주세요!

알아 두면 도움되는 단어들

㉠

공장식 축산
고기를 시장에 좀 더 싸게 내놓기 위해 많은 수의 가축을 좁은 장소에 모아 기르는 축산. 가격 경쟁력을 우선으로 생각하기에 가축들이 깨끗하지 못한 환경에서 항생제가 들어간 사료를 먹는 경우가 대부분이다. 또한 가축이 만들어 내는 많은 양의 똥, 오줌은 전부 처리하기 힘들어 주변 땅과 강으로 흘러가 문제를 일으키고 있다.

광우병
소에게서 발생하는 병으로, 뇌에 문제가 생겨 소가 난폭해지거나 잘 서지 못하는 등의 증상을 보이다가 죽게 된다. 광우병은 사료를 가공하는 과정 중 소를 빨리 성장시키려고 죽은 동물과 그 부산물을 가공해 먹이다가 죽은 동물의 전염 물질이 소에게 전달되어 감염이 일어난 것으로 예상한다. WHO(세계 보건 기구)는 인간 광우병이 21세기 인류에게 가장 위험한 감염병이 될 수 있다고 경고하기도 했다.

글라우콘(기원전 445~기원전 ?년)
고대 아테네인으로, 그리스의 철학자이자 사상가인 '플라톤'의 형이다. 플라톤의 《국가》라는 책 속에서 스승 소크라테스와 많은 대화를 나눈 것으로 나온다.

기후 변화
지구의 일정 지역에서 오랜 기간에 걸쳐서 진행되는 기상의 변화. 일반적으로 '날씨'는 우리가 매일 겪는 기온, 바람, 비 등을 말하며, '기후'는 수십 년 동안 한 지역의 날씨를 평균화한 것을 말한다. 오랜 세월 지속되어 온 기후가 평균적인 상태에서 벗어나 중요한 변화가 생겼을 때, '기후 변화'라고 말한다. 기후 변화는 화산 폭발이나 태양 활동의 변화, 온도나 습도, 바람의 세기 등 자연적으로 일어나는 경우가 있고, 인간 활동이 기후에 영향을 미치는 인위적 원인이 있다. 인간은 산업화가 시작되면서부터 지구 온실가스 배출량을 70%나 증가시켰으며, 공장이나 가정의 화석 연료 사용, 산림 파괴와 도시화 진행 등이 기후 변화에 큰 영향을 주고 있다.

ㄷ

담수
강이나 호수 등의 소금기가 없는 물. 사람이나 동물이 마시거나 씻을 수 있으며 생활에 사용할 수 있는 물을 말한다.

대수층
땅 밑의 지하수가 있는 지층. 물이 가득 들어 있어서 많은 양의 물을 끌어 올릴 수 있다.

대체육
고기가 아닌 재료로 모양과 식감을 고기처럼 만든 식재료. 대부분의 대체육이 콩이나 밀에서 추출한 식물성 단백질을 재료로 만들어진다. 이밖에도 동물 세포를 직접 배양해 만든 배양육도 있지만, 아직은 가격이 너무 비싸다.

도축
고기를 얻기 위해 가축을 잡아 죽이는 일을 뜻한다.

동토층
영구 동토층이라고 말하며, 월평균 기온이 영하인 달이 6개월 이상으로 땅속이 1년 내내 꽁꽁 언 상태로 있는 지대를 말한다.

ⓜ

메탄(메탄가스)

색이나 냄새가 없는 기체이며 공기 속에서 불을 붙이면 파란 불꽃을 내면서 탄다. 메탄은 이산화탄소보다 21배는 더 지구 온난화에 영향을 미치고 있다. 지구상의 메탄 주요 발생원으로 축산업을 꼽고 있으며 되새김질해 음식을 소화시키는 소의 독특한 소화 과정을 통해 메탄가스가 만들어지고 소는 방귀와 트림으로 대기에 배출시킨다. 이러한 소 한 마리가 하루 동안 배출하는 메탄의 양이 600리터, 1년이면 소형차 한 대가 1년 동안 배출하는 온실가스 양과 같다. 현재 전 세계는 약 10억 마리의 소를 포함해 대략 220억 마리의 가축을 키우고 있다. 이 같은 가축은 전 세계 온실가스의 18%를 만들어 내고 있으며, 이는 교통수단을 통해 발생하는 온실가스보다 13% 높은 수치이다.

문명

인류가 이룩한 물질적, 기술적, 사회 구조적인 발전을 말한다. 자연 그대로의 원시적 생활에서 문화적, 정신적, 지적 발전을 이룩한 것까지 포함한다.

ⓑ

바다 산성화

바다는 소금이 많이 녹아 있는 염기성이다. 하지만 땅 위의 자연이 파괴되면서 광합성을 하는 식물이 줄어들고, 인간이 화석 연료를 많이 사용해 대기 중에 늘어난 이산화탄소가 바닷물에 녹아들어 탄산이 생기고 바닷물은 결국 산성화가 된다. 이러한 변화는 바닷속의 조개나 산호초, 물고기 등뼈 등 주로 탄산 칼슘으로 몸을 이루고 있는 바다 생물의 생명을 위협한다.

블랙 카본

석유, 석탄 등의 화석 연료나 나무가 타면서 생기는 그을음을 말한다. 블랙 카본은 공기 중에서 열을 흡수할 뿐만 아니라, 지구가 강렬한 태양 빛을 반사하는 정도를 줄여 지구 온난화를 부추긴다. 그동안 지구의 빙하와 만년설이 햇빛을 강하게 반사해 왔는데, 그곳의 눈이나 얼음에 그을음이 끼면서 반사율이 떨어지게 되었다.

사막화 현상

인간의 활동으로 사막이 아니었던 자연환경이 황무지로 변해가는 현상. 사막화 현상은 전 지구에 황사 현상을 일으킬 뿐만 아니라 기후 변화의 원인이 되기도 한다. 사막화로 숲이 점차 사라지게 되면, 지구는 산소가 점점 부족해지고 야생 동물이 멸종 위기에 처하며, 물 부족으로 곡물을 키울 수 없게 되면서 극심한 식량난에 빠지게 된다. UNCOD(유엔 사막화 대책 협의회)에 따르면, 해마다 전 세계적으로 600만ha의 광대한 땅이 사막화되고 있다고 한다.

산업화 시대

물건을 대량으로 만드는 사업이 발달하고, 기계가 발달하면서 사람들은 하나의 일을 할 때 여러 사람이 전문적으로 나누어 맡게 되었다. 수많은 물건이 생산되는 시대로, 텔레비전이 널리 퍼졌고, 자동차도 많이 팔렸다. 21세기에는 정보 통신 산업을 중심으로 새로운 산업화가 진행되고 있다.

생물 다양성

지구의 생물은 다양한 환경에 적응하여 진화를 거듭했다. 모두 각기 다른 모습, 다른 방식으로 살지만, 서로 먹이 사슬 등으로 연결되어 생태계를 유지하고 있다. 이처럼 생태계 안에서 조화롭게 어울려 사는 생물들을 통틀어 생물 다양성이라고 한다. 하지만 최근에는 멸종하는 생물 종들이 급격히 늘어나 균형 잡힌 생태계가 흔들리고 있다.

소크라테스(기원전 470?~기원전 399년)

기원전 5세기경에 활동한 고대 그리스의 대표적인 철학자로, "너 자신을 알라."라는 고대 격언이 소크라테스 덕에 더욱 유명해졌다. 그는 질문을 던지는 것 자체에 큰 의미를 두었다. 사람들과 서로 묻고 답하는 방법을 통해 깨달음을 얻게 하거나, 내가 알지 못한다는 사실을 알아채게 했다. 그는 옳은 것을 알았을 때 비로소 바르게 행한다고 생각하여 덕과 앎을 똑같이 중요하게 여겼다.

송아지 고기

고기용 송아지들은 태어나자마자 어미에게 분리되어 5개월가량을 살다가 도살된다. 그들은 부드럽고 연한 육질을 위해 폭이 60㎝ 정도 되는 좁은 '송아지 상자'에 갇혀 평생 걷지도, 뒤돌아서지도 못한 채 살아가야 한다. 보다 연한 고기의 빛깔을 만들어 내기 위해 철분이 빠진 사료를 주어 거의 빈혈에 가까운 상태로 살아간다.

식용 곤충

축산업으로 인한 온실가스의 배출이 지구 온난화를 악화시키고 있는 상황에 인간이 먹을 수 있는 곤충은 친환경적인 가치로 새롭게 인정받고 있다. 게다가 FAO(유엔 식량 농업 기구)에 따르면, 곤충은 소고기보다 단백질, 미네랄, 비타민 그리고 섬유질이 많이 들어 있어 영양도 풍부하다고 한다. 식용 곤충이 미래의 식량 자원으로 떠오르는 것은 맞지만, 여전히 많은 사람에게 혐오감을 주고 있어 아직은 일상에서 식품으로 이용하기 위한 안전성과 기술적인 연구, 대중화를 위한 연구가 필요해 보인다. 우리나라에서는 메뚜기와 번데기를 주로 식용으로 쓰고 있으며, 식약처에 의해 갈색거저리와 흰점박이꽃무지 유충이 식품 원료로 인정되었다.

알베르트 아인슈타인(1879~1955년)

독일에서 태어난 이론 물리학자. 상대성 원리와 중력에 관한 이론을 발표하면서 과학뿐만 아니라 철학에도 엄청난 영향을 끼쳤다. 1921년에 노벨 물리학상을 받았다.

온실가스

지구의 대기를 오염시켜 지구의 표면 온도가 점차 올라가게 만드는 가스들을 말한다. 산업화로 인해 증가한 온실가스는 지구가 방출하는 적외선 복사열을 흡수 또는 반사해 버리기 때문에 지구는 점점 더워지고, 여러 가지 환경 문제가 발생하고 있다.

《월든》

헨리 데이비드 소로의 대표적인 산문집. 그는 1845년에서 1847년까지 세상과 동떨어진 '월든'

이라는 이름의 호숫가 숲속에 살면서 홀로 간소한 생활을 해 왔다. 그때 자연과 인생에 대해 깊은 통찰을 했다. 이 책은 그 생활 기록으로써 그의 인간과 사상의 정수를 엿볼 수 있다.

인수 공통 감염병
동물과 사람 사이에서 같은 병원체에 의해 전파되고 증상이 발생되는 감염병. 우리에게 많이 알려진 페스트는 쥐를 통해, 광우병은 소를 통해, 신종플루는 돼지를 통해, 메르스는 낙타를 통해 그리고 코로나19는 박쥐를 통해 전파되었다. 이런 감염병은 대부분 인간과 동물이 함께 어우러져 있는 공간에서 쉽게 전이된다. 또한, 오늘날 세계 각지의 매우 비위생적인 환경 속에서 여러 종의 동물들이 거래되고 있는 것이 계속해서 인수 공통 감염병을 만들어 내는 데 큰 원인이 되고 있다.

ㅈ

제인 구달(1934년~)
영국의 동물학자이자 환경 운동가. 탄자니아에서 40년 동안 침팬지와 함께한 세계적인 침팬지 연구가이다. 1986년 이후 탄자니아를 떠나 세계 각지를 돌며 강연회를 열고 환경 보호에 관해 강의하고 있다.

조류 독감
'조류 인플루엔자'라고도 불리며, 닭, 오리와 같은 조류가 걸리는 바이러스이다. 이 바이러스에 걸린 닭이나 오리는 호흡기에 이상이 생기고 설사를 하며 알을 적게 낳는다. 조류 독감은 사람에게도 전염될 수 있으며, 조류의 분비물을 통해 감염될 수 있다.

지카 바이러스
모기에 물리는 과정에서 감염이 이루어지는 지카 바이러스는 1947년 아프리카 우간다의 '지카'라는 숲에 사는 한 원숭이에게서 처음 발견되었다. 감염 증상은 가벼운 편이지만 예방 백신이나 치료제가 없으며, 최근 태아의 소두증을 유발하는 것으로 밝혀졌다.

초가공식품

우리가 먹는 식품은 콩이나 달걀, 과일, 채소와 같은 자연 그대로의 식품이 있으며, 버터, 설탕, 소금, 꿀 등 약간의 변형만 준 조미료의 형태, 그리고 저장하기 쉽고 더 맛있게 하려고 조미료나 일부 첨가제를 사용한 소시지, 생선 통조림 등의 가공식품이 있다. 가공식품은 칼로리, 지방, 설탕 등이 많이 들어 있기에 많이 섭취하면 건강에 좋지 않다. 하지만 이보다 더한 초가공식품은 조미료를 넣은 가공식품에 항산화제, 안정제, 보존제, 착색제, 유화제, 감미료와 같은 첨가제를 사용하여 공장에서 만들어 내는 식품이다. 초가공식품은 원래 재료의 좋은 특성들은 거의 사라지고 영양소가 파괴되는 문제가 있다. 공장에서 생산되는 식품에서만 사용되는 성분이 들어 있으니, 라벨의 성분 목록에서 벤조산나트륨, 질산염 및 아황산염, BHA 및 BHT와 같은 방부제가 들어 있는지 살펴 초가공식품을 구분할 수 있다.

코로나19

'코로나바이러스 감염증-19'는 동물과 사람에게 전파되는 바이러스로, 2019년 12월 중국 우한의 한 시장에서 처음 발생한 이후 중국 전역과 전 세계로 확산되었다. 새로운 유형의 코로나바이러스에 의한 호흡기 감염 질환이다. 중국의 우한 시장에서는 그동안 수많은 야생 동물이 거래되었다.

코셔 식품

유대교 율법에 맞는 식품. 유대교 율법에서는 식품뿐만 아니라 식품의 판매, 조리, 먹는 방법에 대해서도 기술하고 있다. 고기류와 우유 제품은 함께 먹거나 같은 그릇에 담지 못하며 아침 식사에는 소시지를 주지 않는다. 코셔 식당에서는 돼지고기, 토끼고기와 조개류는 팔지 않는다.

ㅌ

톨스토이(1828~1910년)
톨스토이는 러시아의 소설가이자 시인, 개혁가, 사상가로 러시아 문학과 정치에 많은 영향을 끼쳤다. 세계에서 제일 위대한 작가 중 한 명으로 꼽히는 톨스토이의 주요 작품으로는 《전쟁과 평화》, 《부활》, 《안나 카레니나》, 《바보 이반》, 《사람은 무엇으로 사는가》 등이 있다.

ㅍ

패스트푸드
햄버거나 피자와 같은 패스트푸드는 지방과 인공 첨가물이 많이 들어 있어 열량은 매우 높지만, 필수 영양소인 비타민, 무기질, 식이섬유 등이 부족해 영양 불균형으로 여러 질병이 발생할 가능성이 크다.

팬데믹
'감염병의 대유행'이라는 뜻으로, 특정 질병이 전 세계적으로 유행하는 상태를 의미한다. WHO(세계 보건 기구)의 감염병 경고 단계 중 최고 위험 등급에 해당한다.

푸아그라
'살찐 간', '기름진 간'이라는 뜻을 담고 있는 푸아그라는 거위나 오리에게 일정 기간 강제로 사료를 먹여 간의 크기를 크게 만든 뒤 요리를 하므로 동물 학대와 관련된 논란이 있다. 프랑스 사람들이 즐겨 먹는 고급 요리이며, 프랑스 식재료 중에서도 귀하게 다루어진다.

플라톤(기원전 427?~347?년)
고대 그리스의 철학자. 아테네의 명문 귀족 집안에서 태어나 소크라테스의 제자가 되어 그에게 큰 영향을 받았다. 스승 소크라테스의 죽음을 목격한 후 정치가의 꿈을 접고 철학자로서 일생을 보냈다. 또한 아테네에 학교 '아카데메이아'를 세워 학생들을 가르쳤다. 많은 책을 썼으며, 이데아라는 개념을 구체적으로 정의했다.

ㅎ

할랄 식품
'할랄'은 아랍어로 '허락된 것'을 의미하며, 할랄 식품은 이슬람 율법에 따라 농축산물을 도살, 처리, 가공해 생산한 식품을 말한다. 특히 육류의 경우는 엄격한 규칙을 따라야 하는데, 이슬람식 도축법인 다비하식으로 도살한 짐승의 고기만 할랄 고기로 분류된다. '다비하'라는 이슬람식 도축 방법은 동물의 고통을 덜어 주기 위해 최대한 빨리 목숨을 끊는 인도적인 도축 방법으로 고안되었다. 이처럼 의식화된 도축 방법은 이슬람뿐만 아니라 몽골 등 다른 유목민족들도 갖고 있다.

헨리 데이비드 소로(1817~1862년)
미국의 철학자, 시인, 수필가이다. 자연을 사랑하고 자연 속에서 삶을 사는 데 충실했던 소로는 스스로를 '자연의 관찰자'라고 말했다. 그는 자연과 인간과의 관계를 주제로 한 작품을 많이 썼으며, 대표작 《월든》은 2년 2개월에 걸친 숲 생활을 혼자 기록하고 정리한 책이다. 그는 또한 노예 해방 운동에도 헌신하였으며, 그 정신은 《시민 불복종》이라는 책에 잘 나와 있다. 그는 마하트마 간디의 인도 독립운동과 마틴 루서 킹의 시민권 운동 등에 영향을 주기도 했다.

혼농 임업
농업, 임업, 축산업을 함께 하는 복합 영농. 가축을 기르며, 나무와 풀을 통해 식량, 과실, 사료, 땔감, 목재 등을 생산하고 토양을 건강하게 지키는 자연 친화적이고 지속 가능한 농업 형태이다.

F

FAO(유엔 식량 농업 기구)
세계 식량 및 기아 문제 개선을 목적으로 하는 기구이다. 식량과 농산물의 생산 및 분배가 적절하게 이루어지게 하며, 세계 각 국민의 생활 수준 및 영양의 향상을 위해 활동한다.

Ⓘ

IPCC(기후 변화에 관한 정부 간 협의체)

기후 변화와 관련된 전 지구적 위험을 평가하고 국제적 대책을 마련하기 위해 WMO(세계 기상 기구)와 UNEP(유엔 환경 계획)이 공동으로 설립한 유엔 산하 국제 협의체이다. 현재 190여 개국의 각 분야 전문가와 과학자 등이 참여하고 있으며, 이들은 기후 변화와 관련된 보고서를 발표하면서 인간이 만든 공해 물질에 의해 발생하는 기후 변화와 관련된 과학적, 기술적, 사회 경제학적 정보를 우리에게 제공한다.

Ⓦ

WHO(세계 보건 기구)

인류의 건강을 지키려고 세계 여러 나라가 모여 설립한 UN 전문 기구. 'World Health Organization'의 약자를 따 'WHO'라고 불린다. WHO가 정의하는 '건강'은 육체적·정신적·사회적으로 완전히 행복한 상태를 말하며, 단순히 질병에 대한 것만을 말하는 것이 아니다. 우리나라는 1949년에 가입했다.

나도 채식을
할 수 있을까?

1판 1쇄 인쇄 2022년 9월 30일
1판 1쇄 발행 2022년 10월 20일

글 민마루
그림 남궁선하
발행인 손기주

편집팀장 권유선
디자인 썬더키즈 디자인팀
인쇄 길훈 씨앤피 **세무** 세무법인 세강

펴낸곳 썬더버드
등록 2014년 9월 26일 제 2014-000010호
주소 경기도 의왕시 정우길47. 2층
ISBN 979-11-90869-62-1 (73590)
전화 031 348 2807 **팩스** 02 6442 2807

값은 뒤표지에 있습니다. 잘못된 책은 구입하신 곳에서 바꾸어 드립니다.
썬더키즈는 썬더버드의 아동서 출판브랜드입니다.